数字オンチあやちゃんと学ぶ

稼げる チャート分析の授業

小次郎講師
Kojiro Koushi

SOGO HOREI PUBLISHING CO., LTD

Cafe Canar
う~~~~~~ん……
営業事務
槙田あや(24)
投資入門
……ダ……ダメだ!
何を言っているのか全然わかんない…
パターン…
このままじゃあ柿塚先輩との恋も実らないよおお~~~っ

居酒屋
らくあん
酒処
柿塚先輩投資やってるんですか!?
ああ
投資って勉強すると世の中も見えてくるし本当におもしろいんだ
勉強会やってるんだけど今度槙田さんもどう?
営業
柿塚和彦(29)
わ…私もちょうど投資の勉強をはじめたところだったんですよ!
ごめんなさいウソです!!
ぜひ参加させてください!
第一会議室
投資の集い
小ホール
大ホール

――ってついて来た勉強会だけど
RCIが揃って安全圏だから…
上がる？
買いってことになる
まっっったく意味がわからない……
槙田さんはどう思う？
あっ
えっ
私も買い？だと思いますっ
柿塚先輩と一緒なのはうれしいけど…
全く話がわからない!!!
数字オンチな私に投資なんてムリなのよ～～～～～～!!
お嬢さん…

何かお困りですか？
投資のことならお教えすることができますよ
数字が苦手でも問題ありません
チャート研究・トレード手法研究家 小次郎講師
ほっ
本当ですか〜〜〜!? それじゃあ私を助けると思ってゼロから教えてください!!!!
わ…わかりました いいですよ

はじめに

「投資」と聞くと難しいイメージがありますか？

「投資でお金を稼ぐ」ってギャンブルみたいで怖いですか？


私は「投資に対するイメージを変えたい」そう思っています。

カルチャーセンターで英会話やダンスを習う感覚で投資の勉強をする。

そして、アートフラワーやヨガをやるような感覚でみんなが投資をしてみる。

そういう時代になれば素晴らしいですね。


「チャート」をご存じでしょうか？

チャートとは、株や為替の価格をグラフにしたものです。「チャート分析」は、そのチャートを眺めて将来の動きを予測する手法です。

私はそれを教えています。


「グラフを見ただけで将来のことがわかるの？」

そう、思われますよね？

もちろん、将来のことが１００％わかるのは、神様しかいません。

チャートとは天気図なんです。

そして、チャート分析とは天気予報をすることです。

気象予報士、今人気の資格ですね。お金の世界の気象予報士になることがチャート分析なのです。


「お金」はとても大切なものなのに、日本では、それを増やす方法を教えてくれるところは少ないのです。お金のことを話したり、お金が欲しいと言葉にしたりすることを、品がないことだと日本人は考えています。

でも、お金のことを正しく勉強して、お金の知識がたくさんある人って、魅力的だと思いませんか？


「円安って、実は私たちの財産が目減りしていることじゃないの？」

「国の借金が1千兆円を超えてるっていうけど、そのツケは私たちに来るんじゃないの？」

「年金が破綻しそうだっていうけど、それでも毎月かけ続けなくてはいけないの？」

世の中はわからないことだらけです。

でも、わからないからといって放置していると、どんどん損をしてしまうんですね。お金の勉強をしましょう。もう損をするのは止めましょう。お金を使って得をする方法を勉強しましょう。


会社に勤めながら、手作りのおしゃれ雑貨をネットで販売している人がいます。

ブログを書いてアフィリエイトでお小遣いを稼いでいる人がいます。

最近は、趣味で始めた動画が人気になって、動画から広告収入を得るという人もいます。この本がきっかけとなって、

「私、投資でお小遣いを稼いでいます」

という人がたくさん出てきたら素敵だなと、私は夢見ています。

参考文献『一目均衡表』『一目均衡表　完結編』
『一目均衡表　週間編』『わが最上の系譜』（経済変動総研）
※一目均衡表の著作権は経済変動総研に属します

もくじ

第3章 チャンスがすぐわかる「移動平均線大循環分析」ってなに？

第4章 「三次元分析」で次の展開が読める！

第5章 「大循環分析」を使いこなせば、一気に上級者へ！

第6章 憧れのチャート分析「一目均衡表」をマスターしよう

第7章

「一目均衡表」の5つの線の謎を解く

第8章 勝てる投資家は「一目均衡表」をこう使う

巻末付録

第1章

「投資」ってどこからはじめたらいいですか？

投資って、そもそもどうやるの？

投資をはじめるには、まず何をしたらいいんですか？

じゃあ、投資の代表選手といえる「株式投資」と「FX投資」について解説しよう。

まずは口座開設をすること。株は証券会社、FXは証券会社や専門の業者が取り扱っているので、そこで口座をつくることからはじめる。今はインターネット上で口座を開設できるところがほとんどで、株や為替を売ったり買ったりするのもインターネットでできるんだ。

なるほど、インターネットで証券会社を調べてそこで口座開設をすると、その後はネットで注文が出せるんですね。

でも、銘柄が多すぎてどれを買っていいのかが、さっぱりわかりません。いろいろな銘柄の勉強をするのは、素人には難しくありませんか？

たくさんの銘柄をウォッチする必要はない。株では自分が興味のある会社、FXではなじみある通貨ペアを毎日眺めて、**その銘柄がチャンスのときだけ**仕掛ければいい。

毎日何を眺めればいいんですか？

その銘柄の「チャート」だよ。

チャートってなに？

小次郎講師、「チャート」ってなんですか？

チャートとは、その銘柄の価格の推移をグラフにしたものだよ(図1)。チャートを見るとどの銘柄の価格が上がっているか、下がっているかがひと目でわかるんだ。

この「上がる銘柄」を見極める方法に、「ファンダメンタルズ分析」と「チャート分析」がある。

「ファンダメンタルズ分析」と「チャート分析」ですか。なんだか難しそう……。

「ファンダメンタルズ分析」は、その会社の業績

図1　チャート

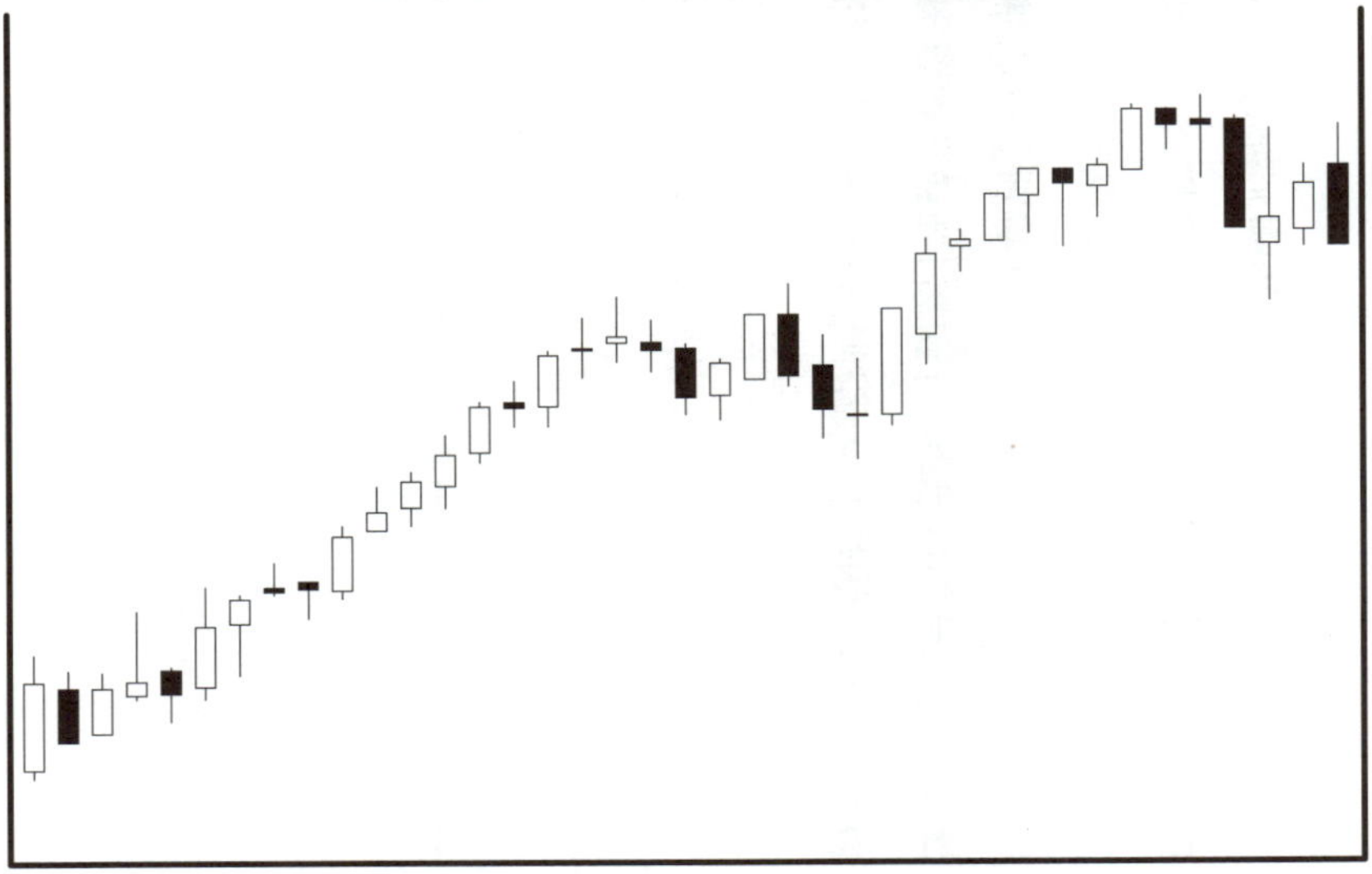

や経済の変化を元に分析する手法だ。確かに、これにはそれまでの投資の経験値や世の中を見極める目が必要になる。

だから、初心者のあやちゃんには、「チャート分析」をおすすめするよ。チャート分析を一度マスターすれば、どんな株でもどんな通貨にでも共通して使えるんだ。

魔法みたいなツールですね♪

チャートの基本、「ローソク足《あし》」ってなに？

チャートに欠かせない「ローソク足」について説明しよう。

このローソクのような形をしたもの（図2）、実は日本で考えられたものなんだ。それが、今や世界中に伝わって広く使われているんだ。

ローソク足には日本人の知恵が詰まっているんですね！

一定期間の価格の推移をローソク足1本で表すことができるんだ。

まずは、基本中の基本から教えよう。

ローソク足は4本値からできている。4本値とは「始値《はじめね》」「終値《おわりね》」「高値」「安値」のこと。

その日はじめてついた値が「始値」、その日の取引の終わりの値が「終値」。始値と終値でつくられた四角形は「実体」と呼ばれている。始値から終値にかけて**価格が上昇しているものを「陽線」**（白や赤で描く）、始値から終値にかけて**価格が下落しているものを「陰線」**（黒や青で描く）というんだよ。

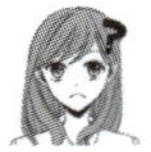

真ん中にある棒はなんですか？

これは「ヒゲ」といって、その日の高値と安値を表している。

ローソク足から何がわかるの？

このローソク足を見て、何がわかるんですか？

一見、何の意味もない四角と棒の集まりのように見えるけれど、ローソク足を見ているだけで、〝売りと買い〟の力関係の変化が浮かび上がるんだよ。

図2　ローソク足の基本

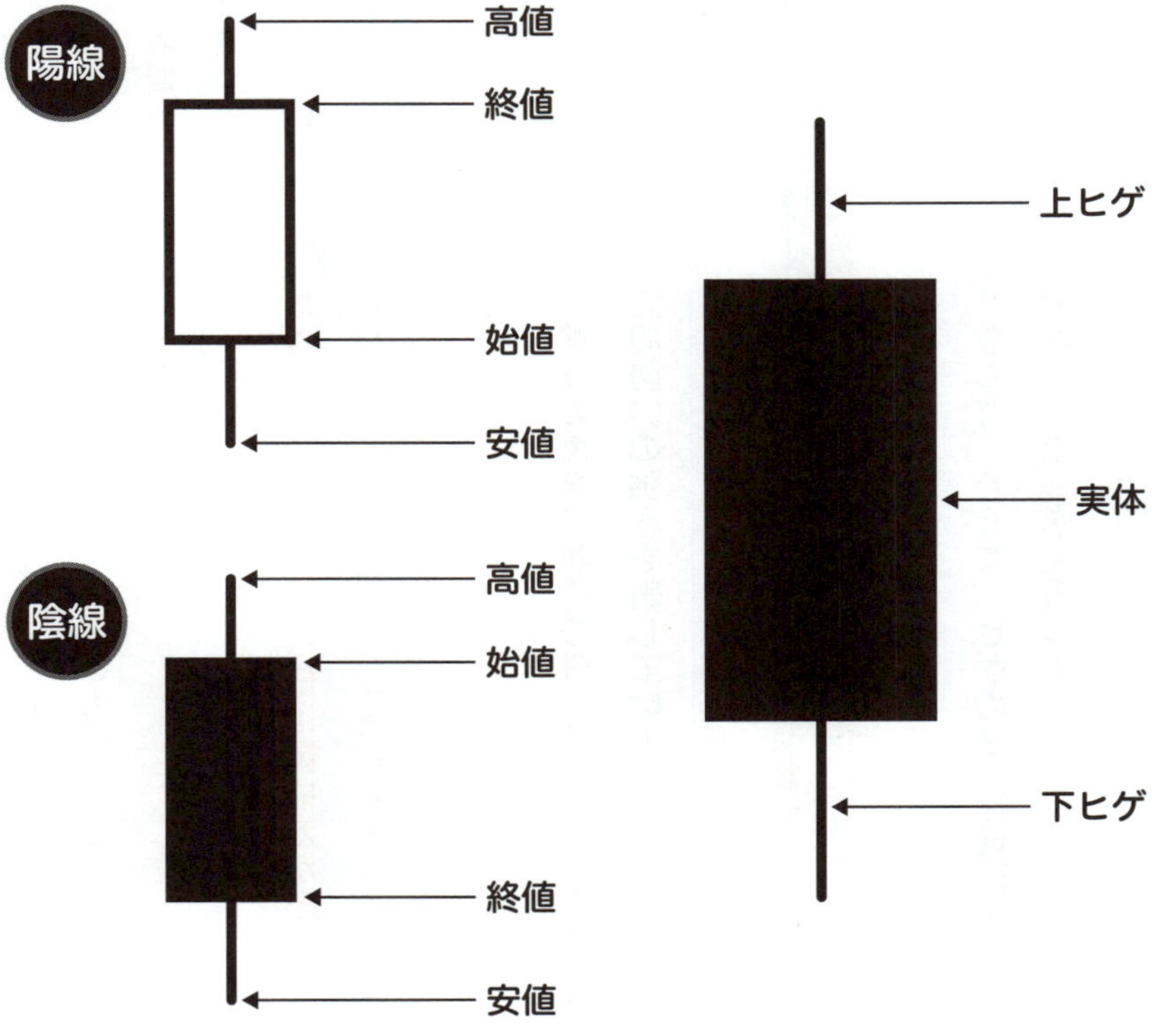

"売りと買い"の力関係？

市場には、今後の価格上昇を見込んでいる買い方と、下落を予想する売り方がいて、日々戦っている。「売り方」とは下げで利益を取ろうとしている人たちのことなんだ。

下げで利益が取れるんですか？

株式でもＦＸでも、下げ相場では売りで利益を取ることが出来る。株式ではそれを「空売り」といってね。売りからスタートして下がった分だけ利益になるという取引があるんだ。

初めて知りました。

だから買い方は価格を上げようと、売り方は価格を下げようと争っている。ローソク足の陽線・陰線は、相撲で例えると買い方にとっての白星と黒星だと思えばいい。

なるほど。陽線だと今日は買い方が勝った、陰線だと今日は買い方が負けたということですね。

この**実体の大きさがその日の買い方、あるいは売り方の勢いの強さを表している（図3）。**

大きな陽線だと、その日は「買い方が圧倒的に強かった」ということですか？

そうなんだ。そして、**ヒゲの長さは買い方と売り方の攻防の激しさを表している。**実体の上にあるヒゲは「上ヒゲ」、下にあるヒゲを「下ヒゲ」と呼ぶ。

例えば、下ヒゲがすごく長いローソク足を見つけたとするよね。それは売り方が頑張って価格を押し下げたのに、その後、買い方が勢力を盛り返して、大きく押し戻したということを意味しているんだ。

相手を土俵の隅まで追い詰めたのに、突然反転して、土俵中央まで押し戻された……、みたいなことですね。そういうふうにローソク足を眺めると面白いですね。

図3　ローソク足が表しているもの

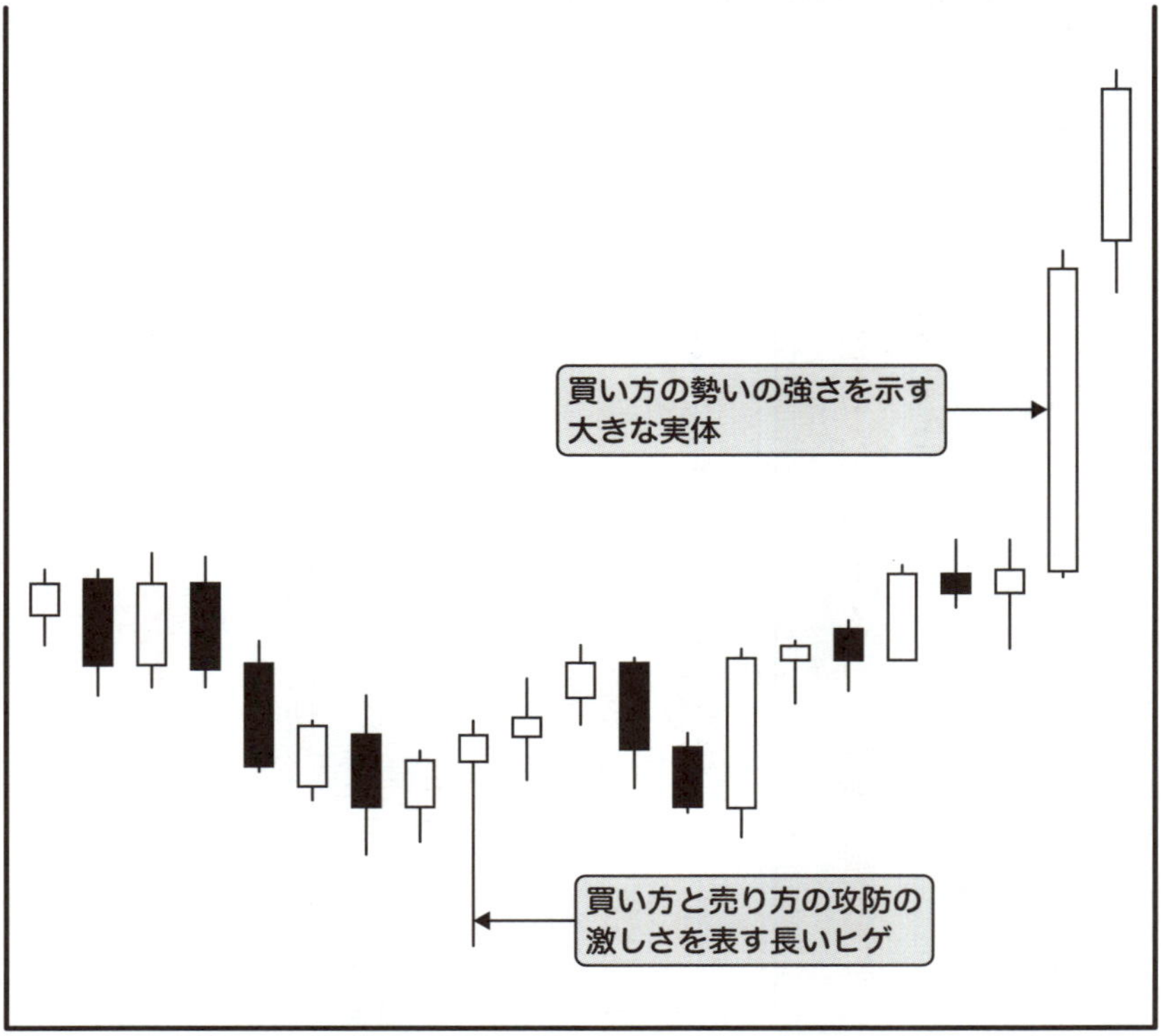
買い方の勢いの強さを示す
大きな実体
買い方と売り方の攻防の
激しさを表す長いヒゲ

チャートにはさまざまな時間軸がある

チャートには色んな時間軸のものがあって、今説明したのはローソク足1本が1日の値動きを表しているので「日足《ひあし》」と呼ぶ。それに対して1本が1週間の値動きを表すものは「週足《しゅうあし》」と呼び、ひと月を表すものは「月足《つきあし》」と呼ぶんだ。

いろいろあるんですね。それ以外にもあるんですか？

1分足、5分足、15分足、30分足、1時間足、4時間足……とさまざまなチャートがある。いずれもその時間帯の始値・終値・高値・安値を元にローソク足を描いていく。考え方は日足と一緒だよ。

どれを使えばいいんですか？

株式投資家は日足を中心に使っているね。FXの投資家は短期の売買をすることがあるので、15分足や1時間足など短い時間軸のチャートを活用することが多いんだ。

「トレンド」を見抜こう！

でもそこから、どうやって将来の値動きを予測するんですか？

そうだね。トレンドって言葉を聞いたことがあるかい？　価格が安定して上昇している状態や、安定して下降している状態をチャート分析では「トレンドがある」というんだ。

「上昇トレンド」や「下降トレンド」（図4）ですね。聞いたことがあります。

市場では売り方と買い方が日々激しく戦っている。だから本来価格は、今日上がれば明日は下がり、明日下がれば明後日は上がるのが通常の状態なんだ。

それが連続して上昇するということは、買い方と売り方のバランスが崩れて、買い方が圧倒的に優勢になったことを表している。

例えば、企業の決算で業績が改善見込みとの情報が流れたら買い方が勢いづくよね。そういうときに上昇トレンドが出来る。

逆にいうと、安定して上昇しているチャートは、

上がるべき材料があると読める。

なるほど。そうでないと、売り方、買い方どちらか片方だけが極端な展開になることはないですもんね。

そういうこと。ここからが大事だが、同じ上昇トレンドでも長続きするものとしないものがある。長続きする上昇トレンドを見つけることが投資家にとってはとても重要なんだ。

実は、それをチャート分析で見つける方法がある。

え？　ほんとですか。是非教えてください。

価格は波打ちながら上がり、波打ちながら下がる。

チャートを見ると確かにそうです。

ということはそのたびに目先の小さな天井と小さな底が出来るね。そのウエーブの中の天井どうし、底どうしを比較する。長続きする上昇相場は**「前回の天井より今回の天井が高く、今回の天井より次回の天井の方が高い」**、そして**「前回の底より今回の底が高く、今回の底より次回の底が高い」**（図5）という特徴がある。その状態が確認出来れば長続きする上昇トレンドとわかる。このことを発見したのが、チャールズダウ。ウォールスト

図4　上昇トレンドと下降トレンド

リートジャーナルの創設者だ。そして、この理論を**「ダウ理論」**と呼ぶ。

ダウ理論（安定した上昇トレンドの条件）

- **前回の天井より今回の天井が高い**
- **前回の底より今回の底が高い**

※下降トレンドはこの逆

この状態をキープしながら上昇するトレンドは長続きする。

これは凄いですね。でも、なぜそのような状態が長続きするんですか？

なにかのニュースがあって、価格が上昇し出すと売り方は次第に市場から撤退する。売り方は下げで利益を得る取引をしているからね。

図5　ダウ理論（上昇トレンドの条件）

価格は波打ちながら上昇し、波打ちながら下降する

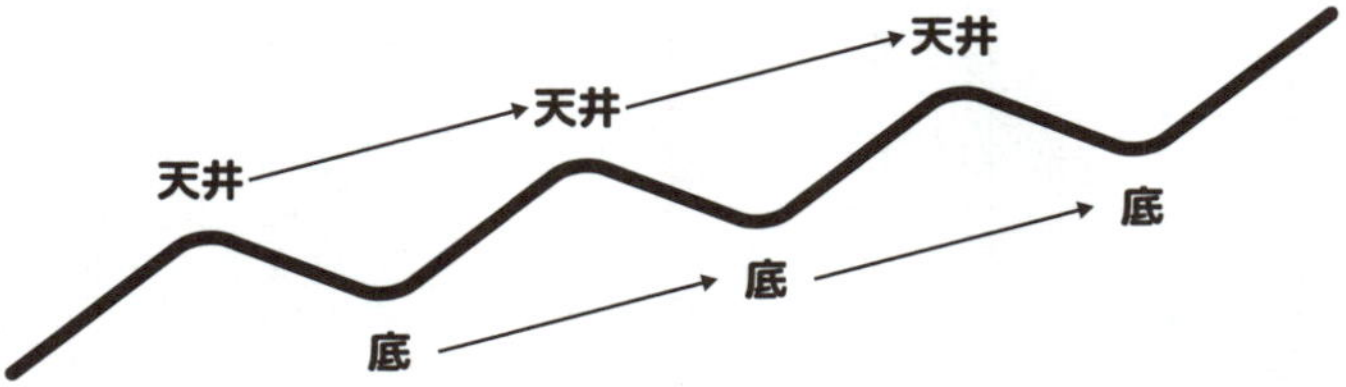

ダウ理論

上昇トレンド時は前回の天井より今回の天井が高く、前回の底より今回の底が高い（下降トレンド時はこの逆）

不利な状況なんですね。

価格がある程度上昇すると、まだ先高《さきだか》（まだ価格が上昇する見込みがあること）だと思っていても買い方は一度利益を確定したいと思う。そのために市場に売り注文を出す。それによって上昇トレンドの中に、一時的な下げが発生する。

利益確定のために市場に出す注文は、売り注文だからだ。

その売り注文で価格が下がるんですね。

そのとおり。そういう上昇過程の中の一時的な下げを「押し目」と呼ぶ。その押し目は、買い方の利益確定売りで起こり、価格が一段下がる。でも買い方はまだまだ先高だと思っているから価格が下がると、そこで再度買い直す。すると価格は再度上昇を始める。この繰り返しだ。

つまり、価格を押し上げる買いも、押し目をつける売りも全て買い方主導の行為。こういう状態になれば、買い方の一方的な展開となる。だから、その状態は簡単には終わらない。売り方はうかつに手を出せないんだよ。

だから継続するんですね。じゃあ、常にトレンドを探し続ければいいんですか？

そうだね。そして、トレンド以外にも価格変動の中には売り方買い方のバランスが崩れるときがある。

バランスが崩れれば、その後価格は一方向の動きとなる。それを**「エッジがある」**という。この**エッジを見つけることが、チャートを分析するということ**なんだ。

それは楽しみです。早く教えてください!!

あせるな、あせるな。投資の世界で勝ち組になることは簡単じゃない。初心者のあやちゃんに理解しやすいようにわかりやすく説明するけれど、本当に重要なところを簡素化してしまって、実際のトレードで役に立たなければ意味がないよね。

だからところどころ上級編も顔を出すから、そのつもりでいるように！

〝最高レベルのチャート分析を日本一わかりやすく〟というのが、私のモットーだ。しっかりついてくるように！

頑張ります！

第１章まとめ

ローソク足

- ローソク足は４本値からできている
- ４本値→「始値」「終値」「高値」「安値」を意味する
- 始値と終値でつくられた四角形を「実体」と呼ぶ
- 陽線→始値から終値にかけて価格が上昇している
- 陰線→始値から終値にかけて価格が下落している
- ひげ→ローソク足の真ん中で上下に伸びている棒。その日の高値と安値を表す

実体とヒゲが表すもの

- 実体の大きさはその日の買い方、あるいは売り方の勢いの強さを表す
- ヒゲの長さは買い方と売り方の攻防の激しさを表す

継続しやすいトレンド

- 価格は波打ちながら上昇し、波打ちながら下降する
- 上昇トレンド→波の天井どうし、底どうしを比べ「前回の天井より今回の天井が高く、前回の底より今回の底が高い」状態が続く。下降トレンドはその逆
- トレンドは継続しやすい

第2章

「移動平均線」なら チャート分析が 簡単にできる!

移動平均線ってなに？

では、「移動平均線」を解説しよう。

移動平均線はトレンド系の、つまりトレンドの発生を探るためのテクニカル分析（チャート分析）の代表選手なんですよね。

お、勉強してきたんだね！　後で説明する「一《いち》目均衡表《もくきんこうひょう》」と併せて、この「移動平均線」はとても人気がある手法なんだよ。

えへへ、ちょっとだけ予習をしてきました！　株価や通貨のチャートに必ず付いているグラフなんですよね。

小次郎講師、具体的に移動平均線のなにをどうやって見ればいいんですか？

移動平均線の役割は2つある。

まず1つ目の役割は、**価格の動きを〝なめらか〟にする**こと。

ローソク足は価格変動が上がったり下がったりしていてトレンドがつかみにくいんだ。価格の動きを移動平均線に変換すると、数字が平均化されてなめらかな動きになる。だから、トレンドがわかりやすくなるんだよ。

なるほど！　移動平均線でトレンドをしっかり把握できるんですね！

移動平均線を導き出すための計算式は、

「直近の終値＋1本前の終値＋2本前の終値＋

……＋（N－1）本前の終値｝÷N」。

例えば、5日移動平均線だったら（基準日の終値＋前日の終値＋2日前の終値＋3日前の終値＋4日前の終値）÷5となる。

ここで覚えておいてほしいのが、テクニカル指標をマスターするためには、必ずそのテクニカル手法の計算式を理解しておくこと！

え!! 計算式ですか!?

テクニカル分析の解説で、「この計算式は覚える必要はありません。使い方だけ覚えればOK」と書いてあるものも多いけれど、これが間違いなんだ。

本当に〝勝てる投資〟をしたいのなら、計算式を理解しなければならない。理解できなければ、テクニカル分析は使いこなせないんだよ。

それじゃあ、私には到底ムリですよ……。

諦めるのは、まだ早い！ 実は、テクニカル分析の計算式は、投資に明るくない普通の人でも、簡単に扱えるものなんだよ。

本当に難しいのはごく一部。逆に、理解できないようなものは使わない方がいいんだ。

じゃあ、数字が苦手な私でもできるんですか？

もちろん！ 順に説明していくから、しっかり聞いてね。

移動平均線の役割の2つ目は、**その期間に買った人が、平均してどれくらい儲けているか、損しているかがわかる**こと。

これに関しては、ゴールデンクロスとデッドクロスを説明する必要がある。

ゴールデンクロスとデッドクロス

ゴールデンクロスとデッドクロスってなんですか？

移動平均線をテクニカル分析で使うとき、有名な買いシグナル売りシグナル（買い時《どき》のサイン・売り時のサイン）があるんだ。これがゴールデンクロスとデッドクロス。移動平均線と価格（ローソク足）が交差する位置のことで、典型的な買い場・売り場といわれている。

移動平均線と価格（ローソク足）の交差するところですね！

そう！ **ゴールデンクロス（買いサイン）とは、価格が上向きに移動平均線とクロスすること。デッドクロス（売りサイン）とは、価格が下向きに移動平均線とクロスすること。**

この2つがテクニカル分析で一番有名なシグナルなんだ。

ここで注意してほしいのが、テクニカル分析のシグナルを〝買いサインか売りサインか判断する〟役割だけで終わらせないこと。「なぜそれが買いサインになるのか、なぜそれが売りサインになるのか」まで理解することが重要だ。

そうなんですか～。ゴールデンクロスで買って、デッドクロスで売ればいいって覚えたばかりでした！

そうじゃないと、本当の意味で使え（勝て）るようにならないからね。

単純移動平均線というのは、過去のある期間（任意の日数）の終値の平均値をつないだ線なんだ。

例えば5日移動平均線を例にしてみよう。過去5日間の平均値を今日の位置に描いて、それを繰り返しつなげていくわけだよね。つまりそれは、過去5日間の平均値と今日の価格を比較するということ。そこに意味がある。

今日の価格と過去5日間の平均値を比較して何がわかるか。**過去5日間に買った人が平均してどれくらい儲けているか損しているかがわかるんだ！**

例えば、5日移動平均線の今日の値《あたい》が1000円だったとする。そして、今日の終値が1200円だったとする。すると、この5日間で買った人は平均的に200円儲けている。それが移動平均線の本質なんだよ。

ものすごく、納得です！

話を戻すと、**ゴールデンクロスはそれまで平均的に計算上マイナスだった「買い方」がプラスに転じる分岐点**のこと。逆に、**デッドクロスはそれまで平均的に計算上プラスだった「買い方」がマイナスに転じる分岐点**のこと。

例えば、あやちゃんが株を買った後に価格が下がったとする。どんな気持ちかな？

すごく不安になります。思惑が外れているわけですから……。この株はどうしたらいいのって心配になると思います。

そうだね。じゃあ、そこから価格が回復してあやちゃんが買った価格を上回ったらどんな気持ちかな？

それは、もううれしいに決まっています！　やっぱり私の読みは正しかったって。どこまで上昇するか楽しみになります♪

そうなんだ。つまり、価格がマイナスのゾーンにいるかプラスのゾーンにいるかで投資家の気持ちは全然違ってくる。**その株やＦＸを持っている投資家が、心理的に強気になる分岐点がゴールデンクロスで、弱気になる分岐点がデッドクロス**なんだよ。

だから、**ゴールデンクロスが買いサイン、デッドクロスが売りサイン**になるわけだ。

ここを押さえないことには、ゴールデンクロスとデッドクロスは正しく理解できないというわけだ。

小次郎講師、移動平均線を2本使ったものがたくさんあるようなんですけど、これはなんですか？

移動平均線を2本使う場合は、短期の移動平均線と長期の移動平均線を使う場合が多いんだ。短期の移動平均線には5日や10日を使い、長期は20日、25日、50日、１００日、２００日などを使うことが多いんだよ。

2本の移動平均線を使ってどう分析するんでしょうか？

価格と移動平均線の関係のように、2本の移動平均線にもゴールデンクロス・デッドクロスと呼ばれる買いサイン、売りサインがある。**ゴールデンクロスとは、短期移動平均線が長期移動平均線**

を下から上へクロスすること。**デッドクロスとは、短期移動平均線が長期移動平均線を上から下へクロス**すること。

やはり、ゴールデンクロスが買いサイン、デッドクロスが売りサインなんですか？

そうだよ。最近は2本の移動平均線のクロスの方がよく使われる。2本の移動平均線のクロスは、1点でクロスするから売買のサインがわかりやすい。価格と移動平均線のクロスというと、価格（ローソク足）は実体も大きいしヒゲもあるので、どこがクロスした場所かがわかりづらいことがあるんだよね。

なるほど！　たしかに移動平均線を2本使う方がわかりやすいですね♪

次は、移動平均線2本使いの上をいく、移動平均線の3本使いを紹介しよう！

3本ですか!?

究極の移動平均線分析といわれる「移動平均線大循環分析」だ。

それは楽しみです!!

第２章まとめ

移動平均線を導き出すための計算式

- {直近の終値＋１本前の終値＋２本前の終値＋……＋（N－1）本前の終値} ÷N

移動平均線の役割

- 価格の動きをなめらかにしてトレンドをわかりやすくする
- その期間に買った人、売った人が、平均してどれくらい儲けたか、損したかがわかる

移動平均線の買いサイン・売りサイン

- ゴールデンクロス（買いサイン）→価格が上向きに移動平均線とクロスすること
- デッドクロス（売りサイン）→価格が下向きに移動平均線とクロスすること
- ゴールデンクロス→それまで平均的にマイナスだった「買い方」がプラスに転じる分岐点
- デッドクロス→それまで平均的にプラスだった「買い方」がマイナスに転じる分岐点

第3章

チャンスがすぐわかる「移動平均線大循環分析」ってなに？

移動平均線大循環分析《だいじゅんかんぶんせき》とは？

トレードにおいて大事なことは**現在の状況を正しく分析すること。**そして、その分析を元に**これから先の展開を的確に予測すること。**

これが出来れば鬼に金棒だ。

それを可能にするのが、これから説明する「移動平均線大循環分析」だよ。

「移動平均線大循環分析」ですか。長い名前だし、難しそうですね。

ところが、とっても簡単な指標（株やＦＸを分析するときのツール）なんだ。

そもそも、「簡単に**『エッジ』**を見抜けるテクニカル指標」を探しているなかで見つけたものだしね。

チャート分析は、つまるところ**〝どこにエッジがあるか〟をわかりやすくしたもの**だ。

だとすれば、「ここは〝買い〟にエッジがある場所」、「ここは〝売り〟にエッジがある場所」、「ここは仕掛けてもなかなかうまくいかない場所」とチャートを見た瞬間、簡単に見抜くことができる指標がどこかにあるはずだと考えたわけだね。

エッジってなんですか？〝買いにエッジがある〟〝売りにエッジがある〟とは買うと儲かる局面、売ると儲かる局面ということですか？

〝エッジがある〟というのは、簡単にいうとそうだね。でも、〝儲かる〟と短絡的に捉えると失敗してしまう。

細かいところだけれど、**〝確率的〟に買いが有利な局面、〝確率的〟に売りが有利な局面**だと思ってほしい。

つい、「買いだ！」って思ってしまいそうな私は、短絡的なんですね……。

まあまあ。気を落とさないで。そう解説されているものも多いからね。

大循環分析でエッジが丸わかり

図6は、米ドル円の時間足チャートから算出した短期・中期・長期の3本の移動平均線だ。

移動平均線の2本使いのところで教わった、短期移動平均線と長期移動平均線ですね。中期というのは、中期移動平均線ということでしょうか。

正解だ！　チャートの○印で囲んでいるところは、安定して利益を上げられるところ。Aの楕円は買いで利益がとれるところ、Bの楕円は（空）売りで利益がとれるところ。こういった場所を〝エッジがある〟というわけだ。

3本の移動平均線をつけてみると、そのエッジがある場所には特徴があることがわかるんだよ。

どんな特徴ですか？

買いにエッジがある場所は、移動平均線の並び順が上から短期線・中期線・長期線の並び順になり、

3本とも右肩上がりだ。

そして、**売りにエッジがある場所は、移動平均線の並び順が下から短期線・中期線・長期線の順で並び、3本とも右肩下がりになっている。**

買いにエッジがある場合と売りにエッジがある場合は、真逆になっているね。

つまり、こういうところで買うようにすればいい。投資初心者には、いつもこう話しているんだよ。

価格変動には利益を上げやすい（わかりやすい）時期と、上げにくい（わかりにくい）時期がある。チャートの動きが複雑

図6　移動平均線から見えるエッジ

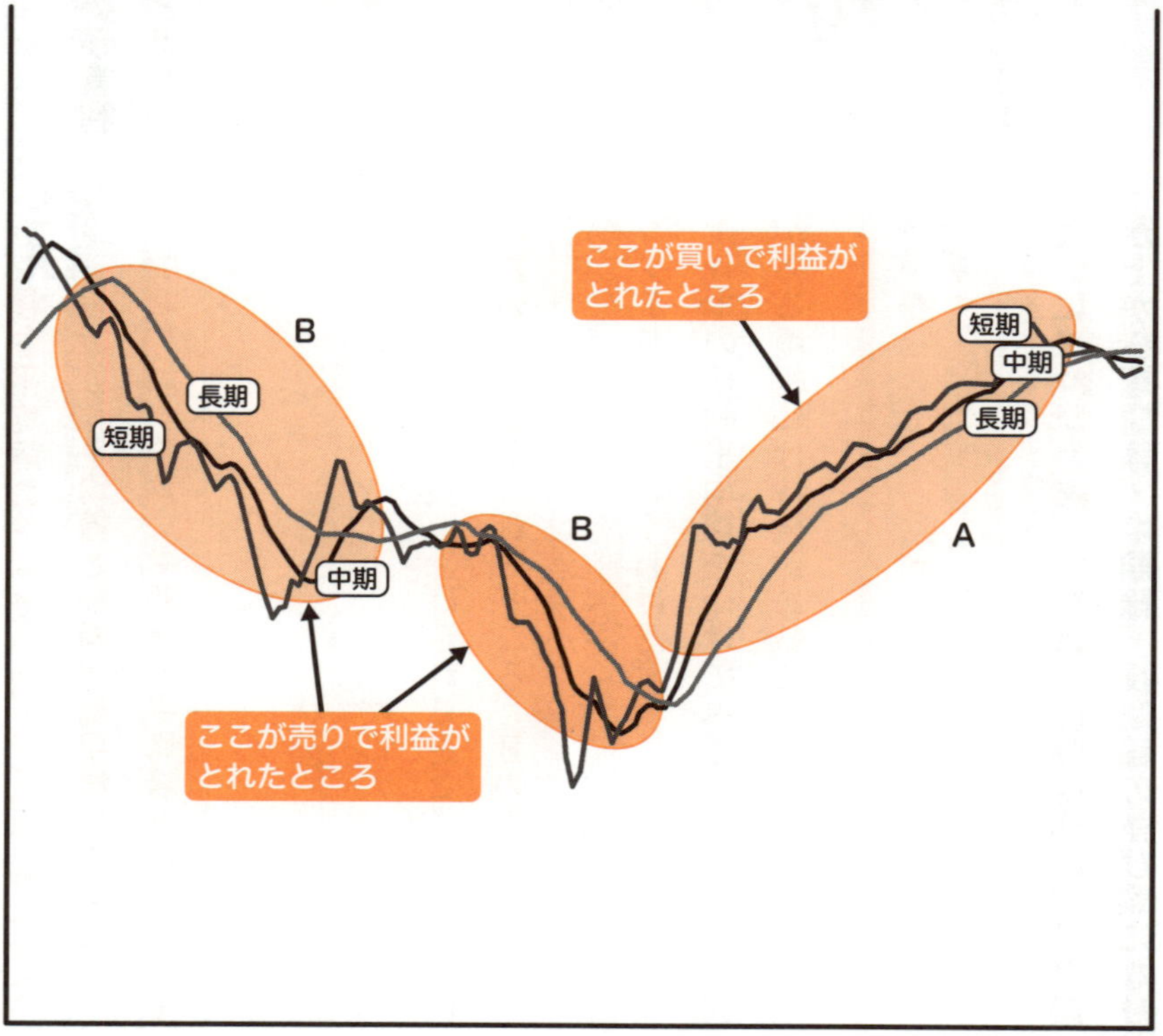

なわかりにくい時期にどうやって利益をあげようかと悩むのではなく、**わかりやすく利益を上げやすい時期に、しっかりと利益を上げよう**ということなんだ。

それは永遠の真理ですね。

そのために、価格変動を3つのパターンに分けるんだ。

①安定上昇の時期
②安定下降の時期
③それ以外

このシンプルさこそ、投資初心者が勝つために大事なこと。この大循環分析は、初心者のことを一番考えている分析法というわけなんだ。

この**「安定上昇の時期」にあたるのが、上から短期線・中期線・長期線の並び順で3本とも右肩上がりという時期。**

「安定下降の時期」にあたるのが、下から短期線・中期線・長期線の並び順で3本とも右肩下がりという時期。

この手法のいいところは、**株式でもFXでも同様の手法が使える**こと。

そして、短期投資でも中長期の投資でも同じ手法が有効であることだ。

とってもわかりやすいですね！

3本の移動平均線を活用する

ところで、3本の移動平均線を使うんですよ

ね。移動平均線には計算する日数によって「○日移動平均」とよばれていると思うんですが、何日のものを使えばいいんですか？

うん、そうだね。移動平均線の話をすると必ず、「何日移動平均線を使うのが正解ですか？」と質問を受けることが多い。でも、残念ながらそういう意味での正解はないんだ。

パラメーター（どの数値を使うか）は各自が、自分の取引する銘柄に合わせて、あるいは時間軸(日足なのか、時間足なのか、分足なのかなど）に合わせて、最適なものを自分で見つけなくてはいけない。

それじゃあ、私はわかりませんよ〜。全くお手上げです。

そうだよね。だから、初めて大循環分析を使う人のために、私が基本になるパラメーターを用意しているよ。

短期→5日移動平均線
中期→20日移動平均線
長期→40日移動平均線

日足以外でも同じパラメーターで使うから、5本・20本・40本と覚えればいい。まずはこのパラメーターを使って、その後自分で調整してもらいたい。

最近はどのチャートシステムも移動平均線を3本まで引けるようになっているよ。大循環分析をするためにあるようなものだね。

まず、見るチャートシステムを決めて取引したい銘柄を出し、そこに移動平均線を3本引いてほしい。

そして、**上から短期・中期・長期の並び順になって3本とも右肩上がり**という局面、**下から短期・中期・長期の並び順になって3本とも右肩下がりという局面**を探し出してほしい。

大きなトレンドのときには、必ずこの順番になるんですね。

でも、この形を見つければ必ず儲かると思ってはいけないよ。小さなトレンドでは失敗することもしばしばある。

でも、この**大循環分析の醍醐味は大相場を見逃さないこと。**そして、その大相場をしっかりとつかめることだ。

年間を通じてプラスになるかならないかは、その年にあった大きなトレンドをしっかりと取れているか、取れていないかで決まる。つまり、年間でみればプラスになる可能性が非常に高いということなんだ。

移動平均線の並び順の推移には法則があった

大循環分析では、3本の移動平均線の並び順が重要になるわけだよね。3本あるということは、その並びの種類は6種類になる。

①短期（移動平均線）・中期（移動平均線）・長期（移動平均線）
②中期・短期・長期
③中期・長期・短期
④長期・中期・短期
⑤長期・短期・中期

⑥短期・長期・中期

ここからが大事な話なんだが、この6種類は基本的にこの順番で動くという法則があるんだ。

え？　順番に動くんですか？

図7を見てごらん。それぞれの並び順をステージと呼ぶんだが、ステージ①の次はステージ②と順番に移行し、ステージ⑥の次には、またステージ①に戻る。

価格変動に合わせてこの順番で推移していくことを「移動平均線大循環《だいじゅんかん》」と呼ぶ。「移動平均線大循環」の法則を使った分析法だから「移動平均線大循環分析」なんだ。

ステージ①（短期・中期・長期）
ステージ②（中期・短期・長期）
ステージ③（中期・長期・短期）
ステージ④（長期・中期・短期）
ステージ⑤（長期・短期・中期）
ステージ⑥（短期・長期・中期）
ステージ①（短期・中期・長期）
ステージ②（中期・短期・長期）
…

とエンドレスに続く。

びっくりです！　100％この順番で動くんですか？

もちろん100％ではないよ。でも、7割くらいの確率でこの順番で推移する。

図7　移動平均線大循環（正順）

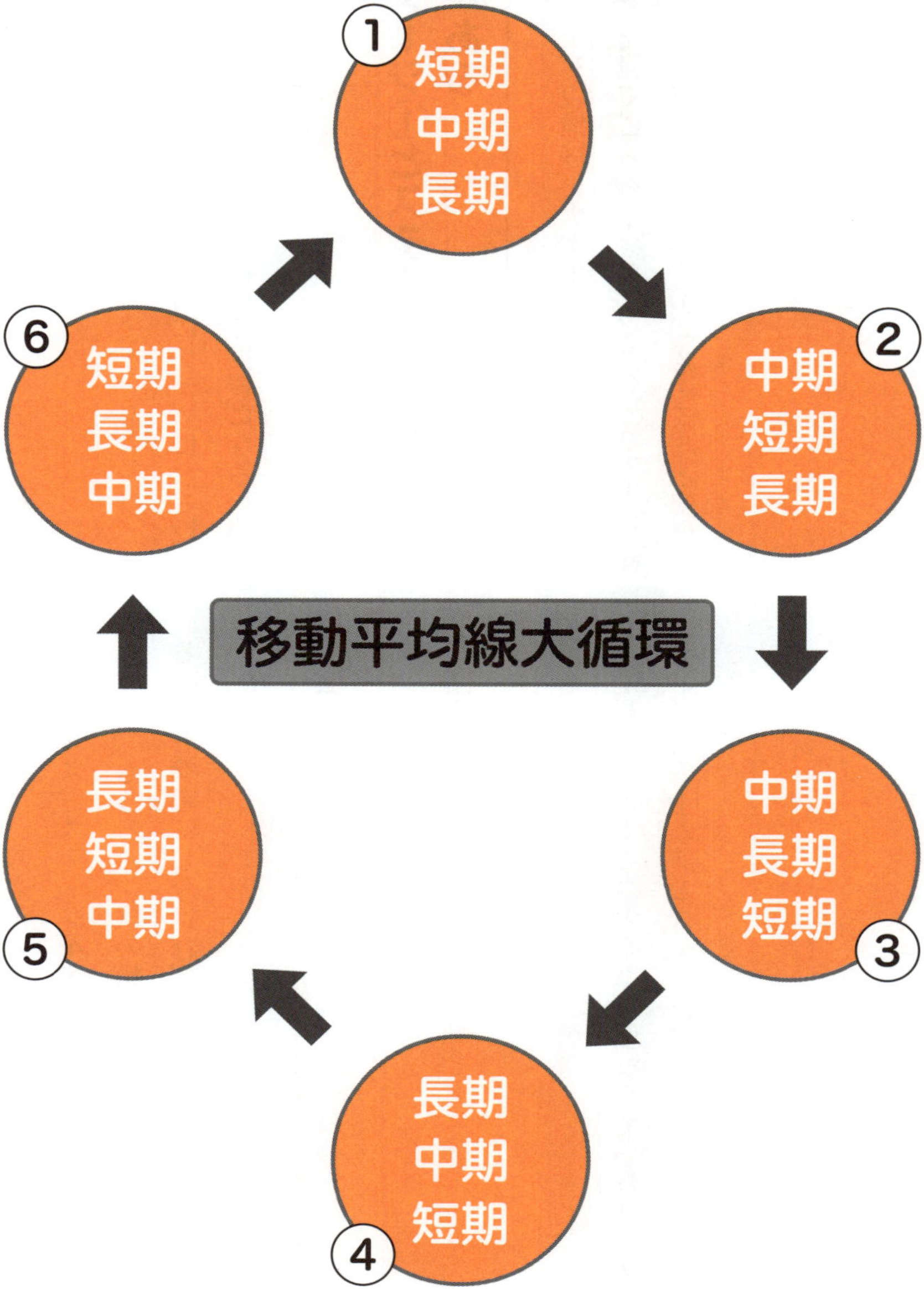

7割ですか！　7割でも、わかるのとわからないのとでは大違いですよね。

そうだね。これも、最終的にプラスになる投資ができるか、マイナスで終わる投資になるかのポイントになるね。

ステージ①とステージ④にエッジがある

ステージの推移をチャートで確認してみよう。図8を見てごらん。①②とあるのがステージ、移動平均線の並び順だ。①②①②③④⑤⑥と変化している。

ほとんど順番どおりに動いていますね。

このステージの変化の中で、ステージ①が買いのチャンス、ステージ④が（空）売りのチャンスとなる。もちろん、線の傾きがどちらを向いているのかも参考にしなければいけないよ。

ステージ①（上から短期・中期・長期の並び順）で3本の線が右肩上がりなのが買いのチャンス、ステージ④（上から長期・中期・短期の並び順）で3本の線が右肩下がりなのが売りのチャンスですね。

正解。そしてこの大循環を理解していれば、ステージ①や④の前のステージで準備をすることができる。

次にステージ①やステージ④が来ることを、あらかじめ予測できるわけですね。

そう！　それが大循環分析の醍醐味なんだよ。

では、移動平均線が大循環する理由を、順を追って説明しよう。

移動平均線が大循環する理由！

図9にあるように、株やFXなどの価格が上昇していくと、それに伴って短期移動平均線が一番早く上昇する。次に、遅れて中期移動平均線が上昇してくる。そして、最後に長期移動平均線がようやく重い腰を上げるんだ。

図8　移動平均線の並び順の推移

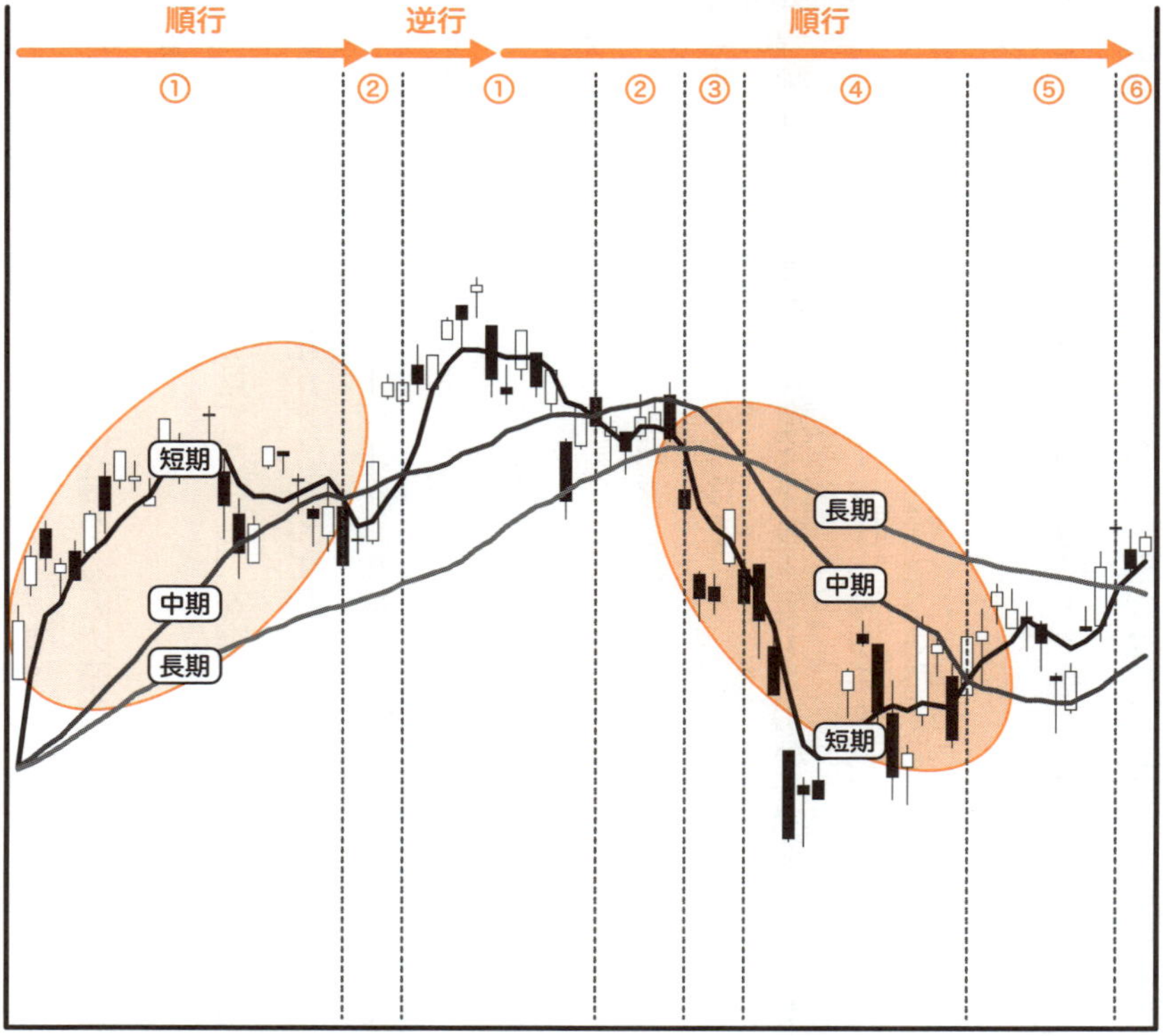

その結果、価格が上昇していくと、必ず移動平均線の並び順は上から短期・中期・長期となる。一度この並び順になると、価格が上がり続ける限り並び順は変わらない。

価格が下落していくときはその逆。一番早く下がるのが短期移動平均線、遅れて中期が下がり、最後に長期が下がりはじめる。だから、3本の並び順は必ず、下から短期・中期・長期となる。これも下がり続ける限り、この並び順は変わらない。

短期移動平均線は、いつも動きが早いんですね！　これなら丸暗記しなくてもわかります♪

そうなんだ。だから、安定上昇のときにはステージ①になり、安定下降のときにステージ④になる。

次は、安定上昇期から安定下降期にどう推移し、安定下降期から安定上昇期にどう推移するかについて。これを理解すると大循環する理由がよくわかるよ。

図10を見てごらん。安定上昇期から安定下降期への変化がどうやって起こるかというと、安定上昇のステージ①から短期線と中期線がクロスしてステージ②に移行する。

その後、短期線と長期線がクロスしてステージ③となる。

最後に、中期線と長期線がクロスして安定下降のステージ④へ移る。

また、安定下降のステージ④から⑤⑥を経て安定上昇のステージ①へ移るのも同じ変化だ。

価格変動はこうやって大循環する。

ステージ①上から短期・中期・長期

ステージ②短期と中期がクロスして上から中期・

短期・長期

ステージ③短期と長期がクロスして上から中期・長期・短期

ステージ④中期と長期がクロスして上から長期・中期・短期

たしかに、そうなっていますね。ステージ①からステージ④へ変化するときは必ずこの順番になるんですか？

安定上昇していた価格が天井を打って安定下降に変わったら必ずこの順番で変化するよ。

図9　上昇トレンドと下降トレンドの並び順

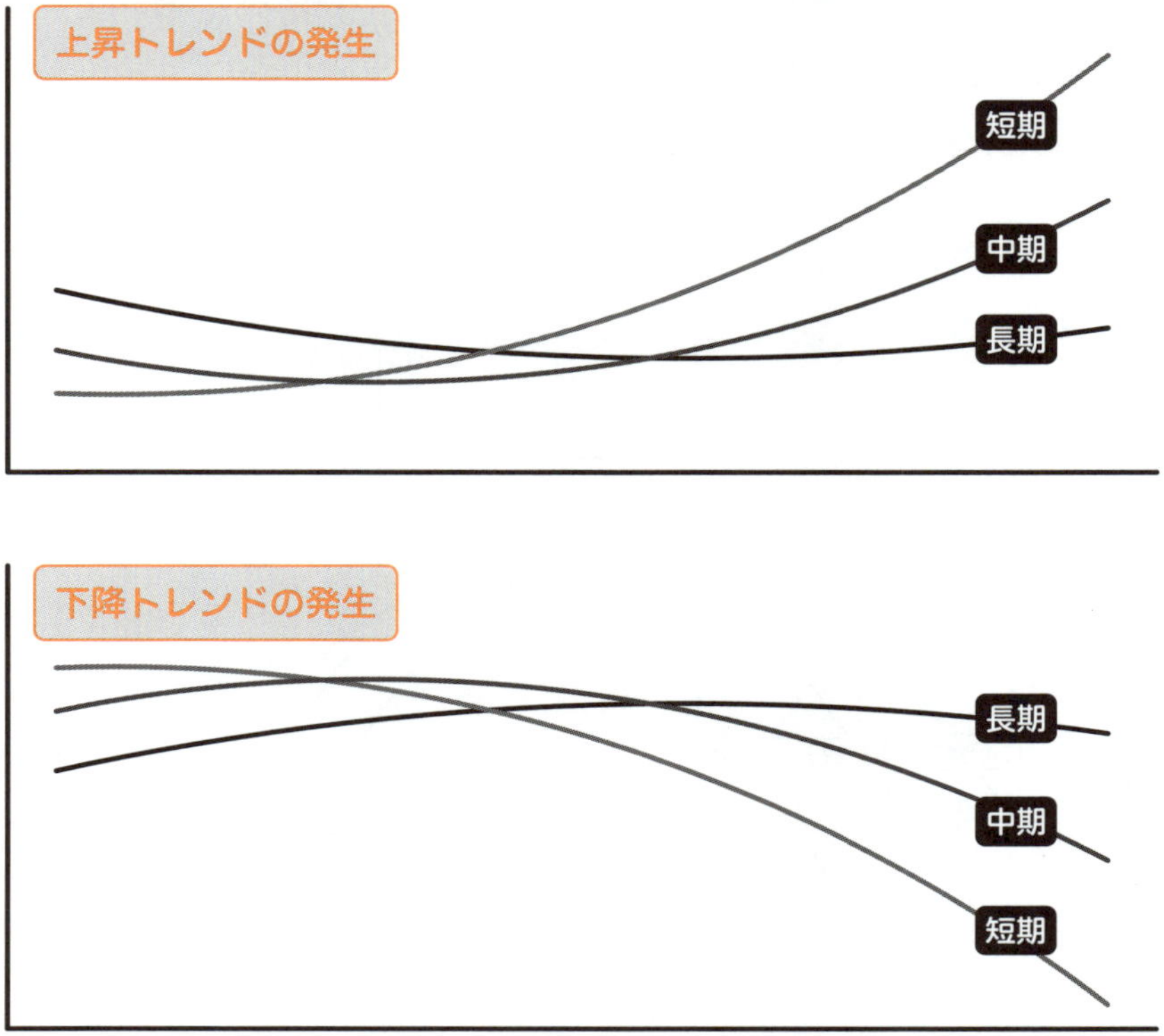

ステージ④からステージ①への変化も同じなんだ。

残りの3割は逆順

3本の移動平均線の並び順（ステージ）は約7割の確率で順行（図7の順序で推移すること）するということだったね。これを**正順**と呼ぶんだ。

では、残りの3割はどうなるのか。

他にも動き方に法則があるんですか？

図10　安定上昇期から安定下降期への変化

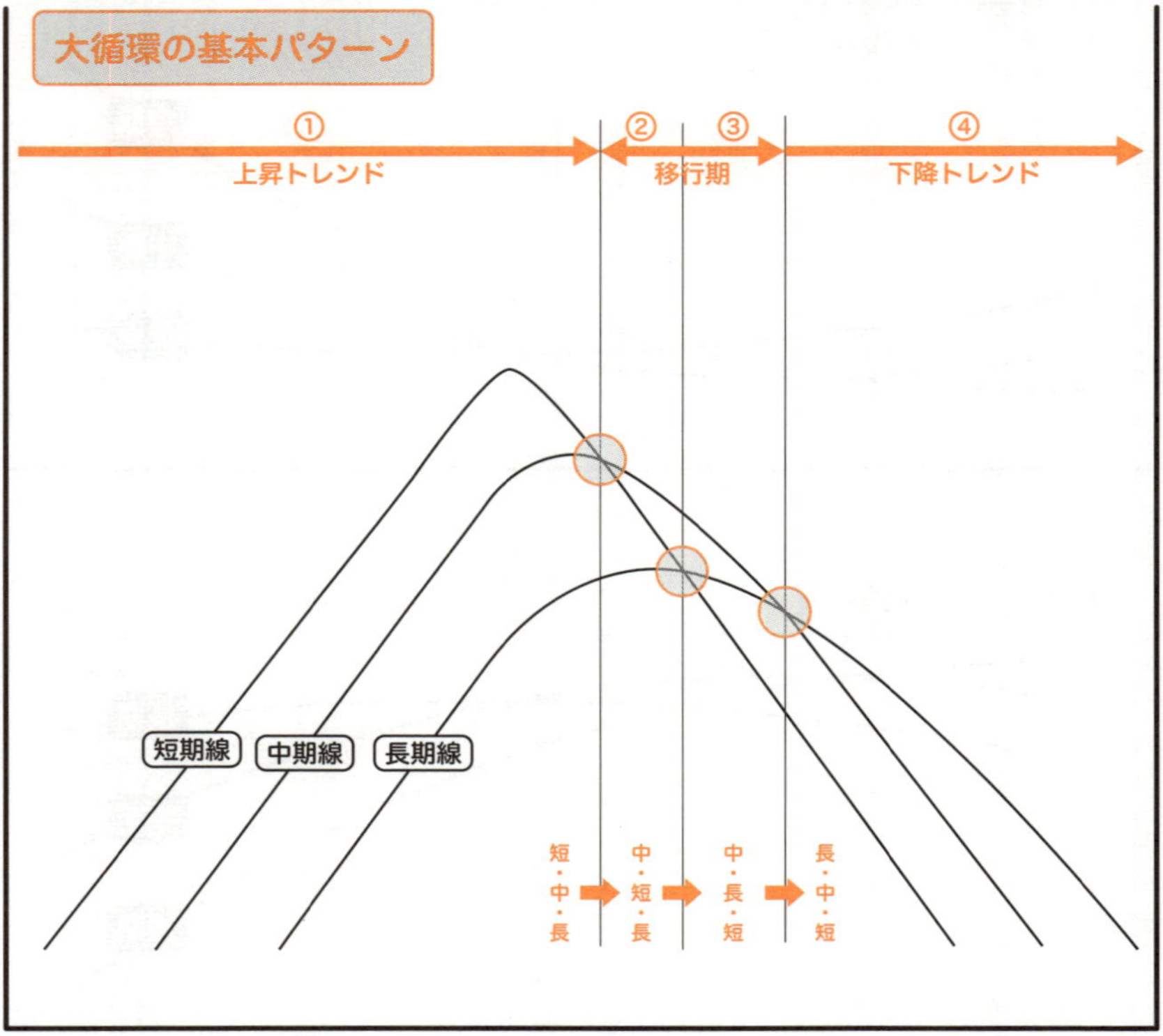

そのとおりだよ。実は、**価格が安定上昇・安定下降でなくなると逆順で動く。**

逆順とは、ステージ①⑥⑤④③②①……という動きだ（図11）。

真逆に推移するんですね。

ステージの変化には6つの法則がある。

❶正順の動き①②③④⑤⑥①（価格変動の約7割）

❷逆順の動き⑥⑤④③②①⑥（価格変動の約3割）

❸ステージの変化は正順か逆順のみ

❹正順も逆順もステージは一段階ずつ推移する

❺正順は①～⑥①～⑥と長く続く場合がある

❻逆順は一段階か二段階続き（例外的に長く続くこともある）、最終的には正順に戻る

これを知っているだけで今後の展開が読めちゃいますね。小次郎講師、質問なんですが、❸の、ステージの変化は正順か逆順だけというところ、これ以外は本当にないんですか？

この2つしかない。図12を見てごらん。この図はステージ①からステージ②に推移し、その後どう変化するかを示したものだ。

ステージ②ということは、上から中期・短期・長期という並び順になったということですね。

そうだよ。その「中期・短期・長期（ステージ②）」の並び順から変化する可能性があるのは、短期線がさらに下がって長期線とクロスし、上から「中期・長期・短期（ステージ③）」の並び順にな

図11　移動平均線大循環（逆順）

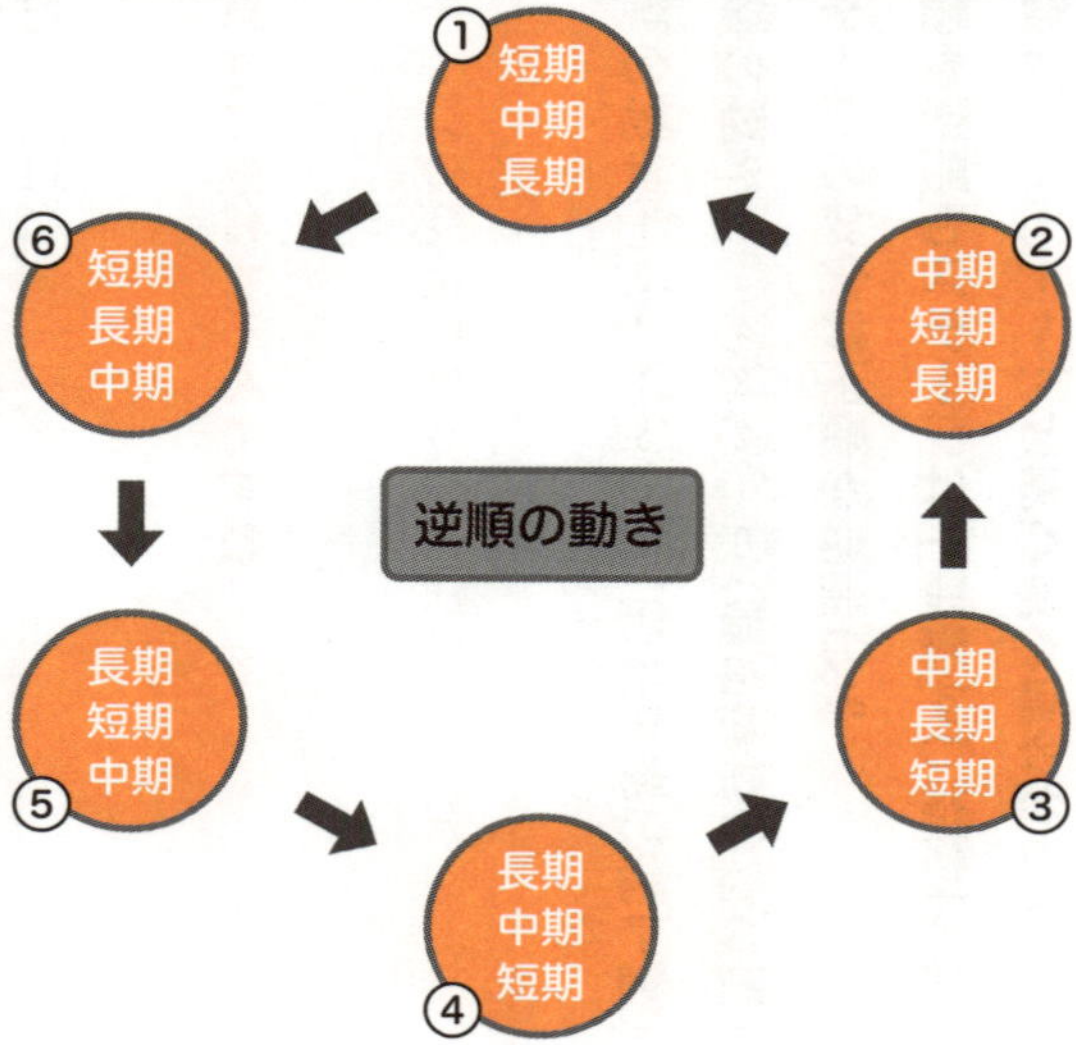

るという順行の流れ。もしくは、短期線が上昇し、中期線と再クロスして、上から「短期・中期・長期（ステージ①）」の並び順に戻る逆行の流れか、どちらかしかない。

真ん中の短期線とクロスせずに、一番上にある中期線と、一番下にある長期線がクロスすることはありえませんもんね。

　ということは、順行か逆行しかないというわけだ。ここではステージ②からの順行・逆行を示したけれど、他のステージでも同じこと。**3本の線の並び順の変化は、どのステージでも、真ん中の線が下の線とクロスするか、真ん中の線が上の線とクロスするしかない。**そのうち1つが、前のステージに戻る動き（逆行）であり、もう1つが新たなステージに移る動き（順行）となるんだ。

確かに順行か逆行か、次のステージは2つに1つですね。しかも1段階（1ステージ）ずつ推移するというのもよくわかります。

ただ、時に3本の線が1点でクロスするという特殊な状況がある。そのときにはステージが一気に2段階、3段階変化することがある。それ以外では1段階ずつ変化するよ。

その特殊な状況を除けば、例えば今がステージ⑤だとすると、次の展開は正順でステージ⑥か、逆順でステージ④かしかないわけですね。これがわかるだけでもとっても便利です。

図12　ステージの推移と検証

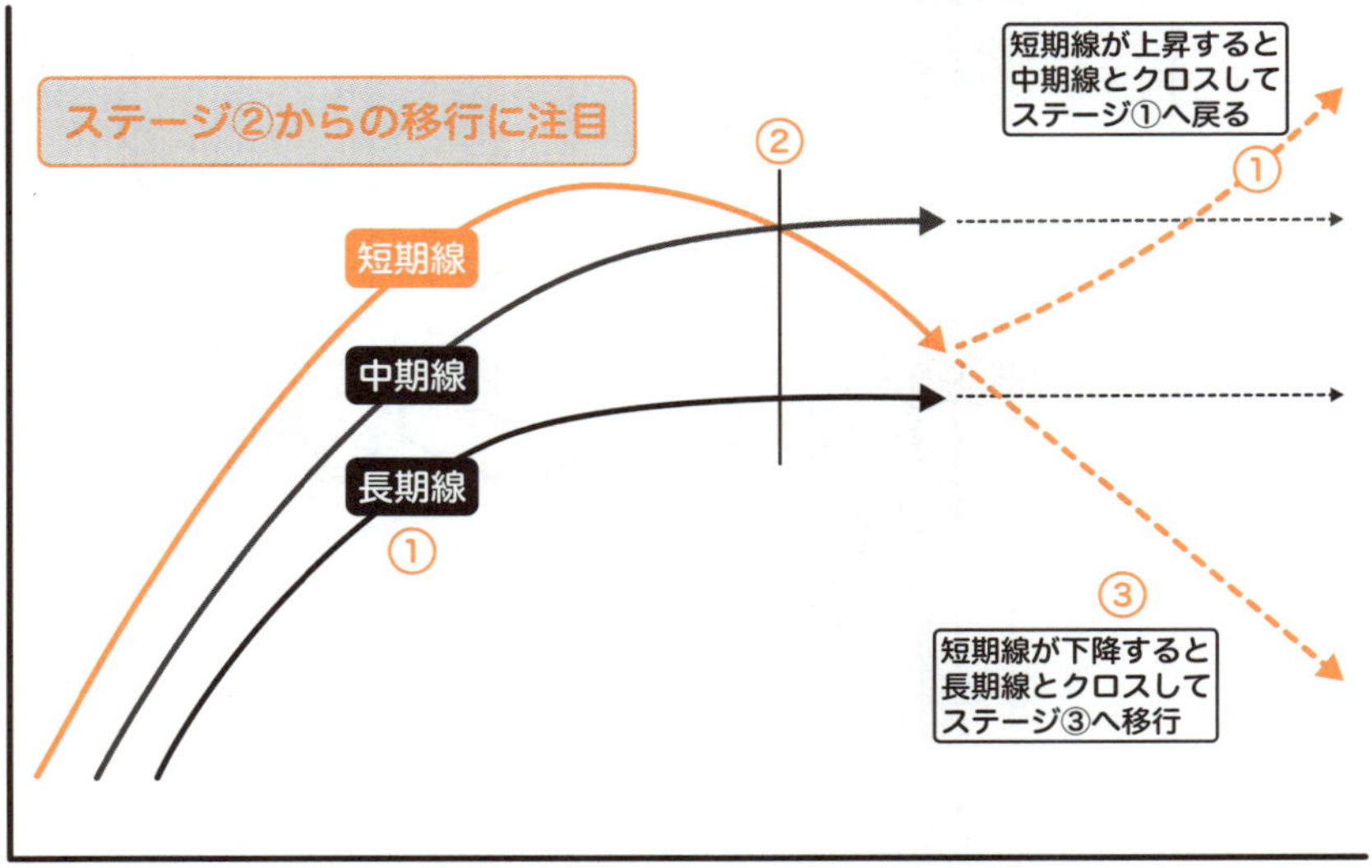
ステージ②からの移行に注目
②
短期線が上昇すると
中期線とクロスして
ステージ①へ戻る
①
短期線
中期線
長期線
①
③
短期線が下降すると
長期線とクロスして
ステージ③へ移行

正順か逆順か？

実例を見てみよう。図13が豪ドル／円の時間足チャートだ。上にステージの推移を書いた。ステージ推移は①②③②①⑥⑤④⑤⑥①②①となる。

確かに正順か逆順かの動きしかないですね。

価格変動の基本は正順。もし、正順で動いていなければ、**押し目・戻し・もみあい相場入りということが想定される。**「押し

図13　豪ドル／円の時間足チャート

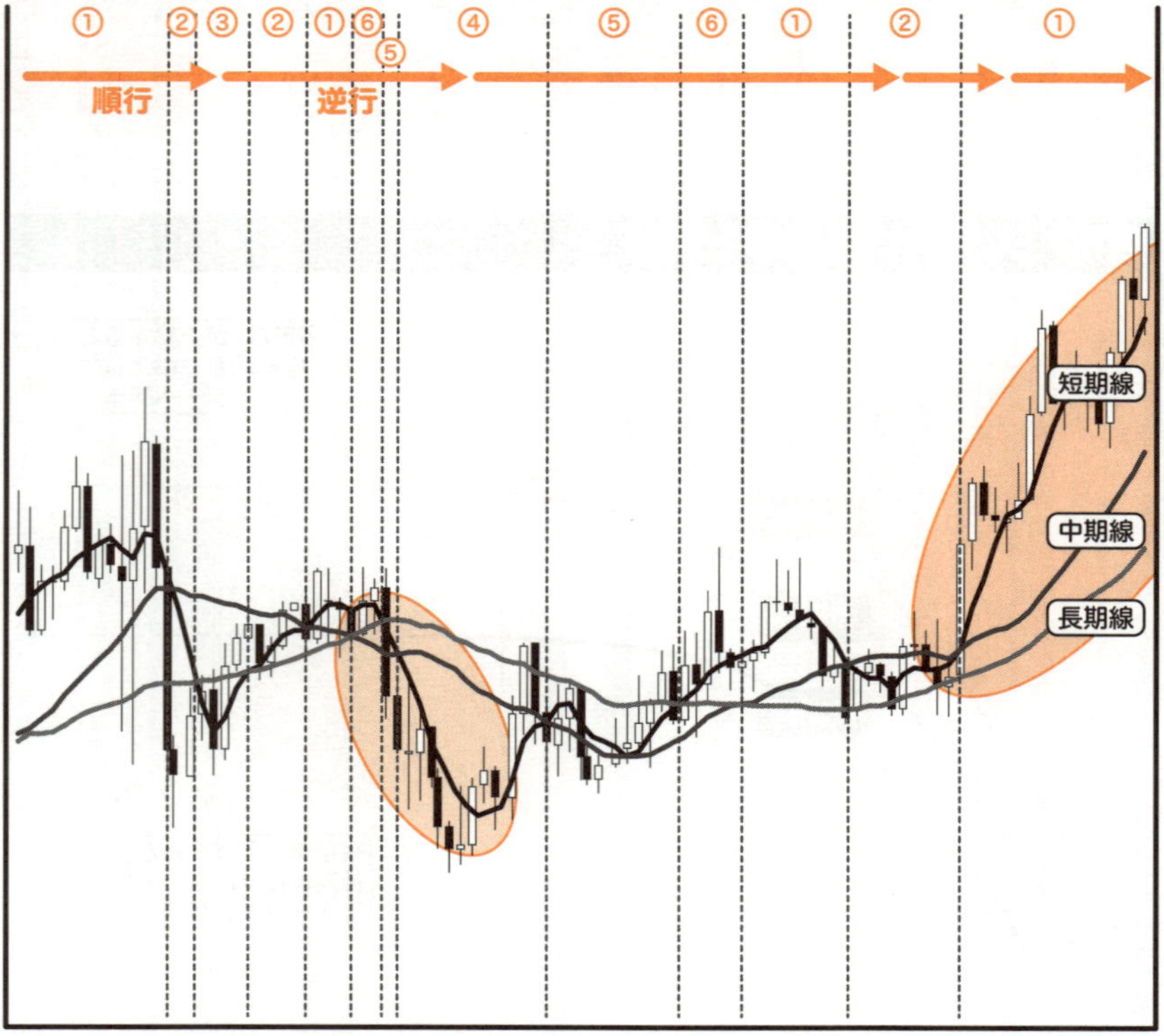

目」とは上昇相場の一時的下げ。「戻し」とは下降相場の一時的上げ。「もみあい」とは横ばい相場のことだよ。

基本がわかっていれば、基本どおりの展開にならなかったときに、何かが起きているとわかるということですか？

そういうことだ。

ありがとうございます♪

第３章まとめ

トレードにおいて重要なこと

- 現在の状況を正しく分析する
- 分析を元にこれから先の展開を的確に予測する

エッジがあるとき

- 買いにエッジがある場所は、移動平均線の並び順が上から短期線・中期線・長期線の並び順になり、３本とも右肩上がり
- 売りにエッジがある場所は、移動平均線の並び順が下から短期線・中期線・長期線の並び順になり、３本とも右肩下がり

移動平均線大循環

- ステージ①→安定上昇期
- ステージ②→下降変化期１（上昇相場の終焉？）
- ステージ③→下降変化期２（下降相場の入り口？）
- ステージ④→安定下降期
- ステージ⑤→上昇変化期１（下降相場の終焉？）
- ステージ⑥→上昇変化期２（上昇相場の入り口？）

第4章

「三次元分析」で次の展開が読める!

三次元分析ってなに？

次は三次元分析について。三次元分析は、移動平均線大循環分析の上級編にあたる、より詳細な分析手法なんだ。

移動平均線大循環分析は入門者にもわかりやすいシンプルな分析手法でありながら、極めていくとさらに高度な分析ができるようになっている。その高度な分析が三次元分析。

楽しみです。

三次元分析というとおり、**3つの視点で3本の移動平均線を分析**する。その3つがこれ（図14）。

図14　三次元分析の3つの視点

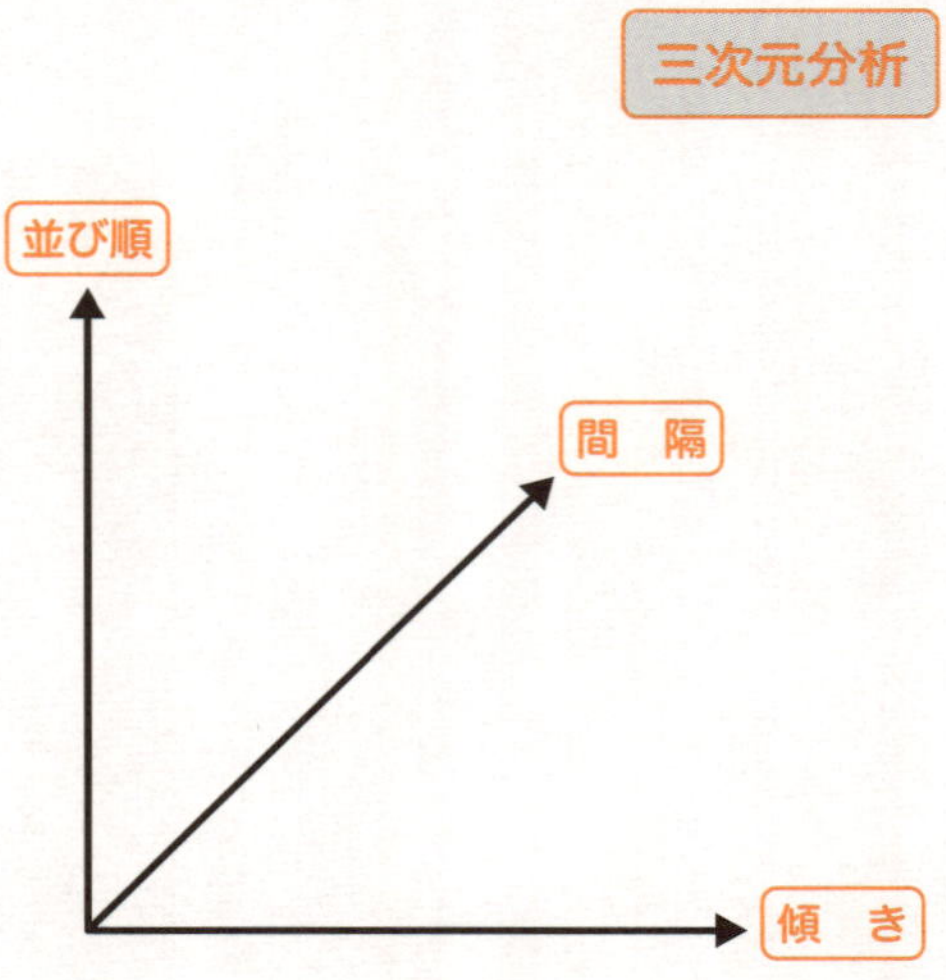

三次元分析の3つの視点

- **線の並び順で分析**
- **線の傾きで分析**
- **線と線の間隔で分析**

その3要素を解析して、総合分析するのが三次元分析。では1つ1つ解説していこう。

三次元分析①「線の並び順」

まず、線の並び順。これは今まで解説してきたステージのこと。線の並び順を見ただけで現在がどういう状態かがすぐにわかる（図15）。

ステージからわかる現在の状態

- **ステージ①→安定上昇期**
- **ステージ②→下降変化期1、上昇相場の終焉の可能性がある**
- **ステージ③→下降変化期2、下降相場への入り口の可能性がある**
- **ステージ④→安定下降期**
- **ステージ⑤→上昇変化期1、下降相場の終焉の可能性がある**
- **ステージ⑥→上昇変化期2、上昇相場への入り口の可能性がある**

ステージはまず、**安定上昇期のステージ①と安定下降期のステージ④が代表**。その他は上昇期から下降期への変化の時期であるステージ②③と、下降期から上昇期への変化の時期であるステージ⑤⑥とに区分される。

つまり、大きく分ければ「安定上昇期」「下降

図15　三次元分析（線の並び順）

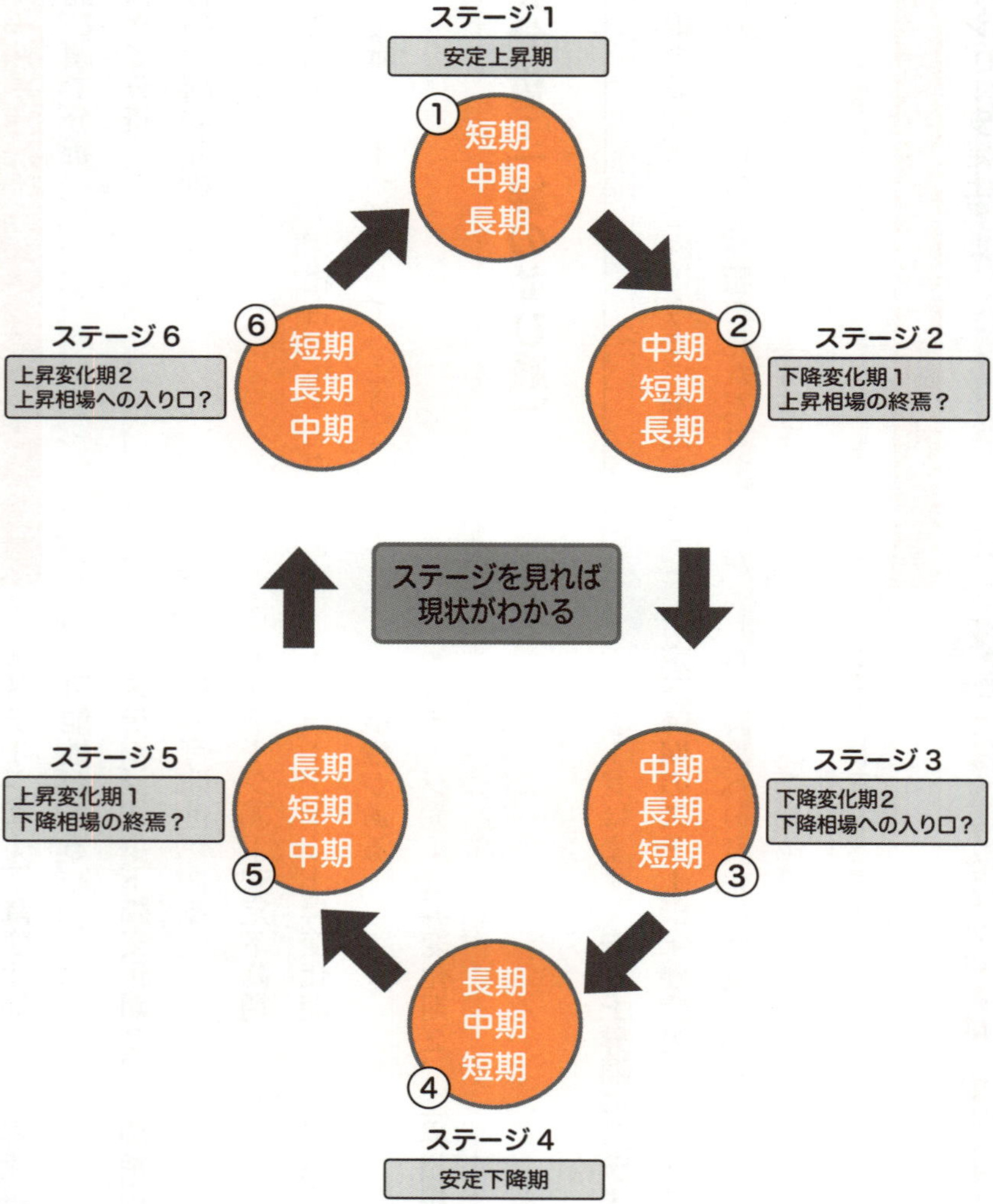

変化期」「安定下降期」「上昇変化期」の4つになるわけですね。

そういうこと。それではステージ毎に詳細を見ていこう。

まずステージ①安定上昇期。

このステージ①は長続きするという特徴を持つ。逆にこのステージ①が短く終わってしまえば、それはもみあい（価格が小幅の上下を繰り返し、方向性が定まらないこと）期入りの可能性がある。

ステージ①上から短期・中期・長期

- **安定上昇期**
- **長続きしやすい。短く終わる場合はもみあい期入りの可能性あり**

ここが一番取りたい時期ですね。

そういうこと。利益を上げるためにはこのステージ①をいかにしっかりと取るかが最重要テーマとなる。

続いてステージ②下降変化期1。

「上昇トレンドの終焉？」とクエスチョンマークがついているが、ここで終了してしまうケースと、一時的な「押し目」で再度ステージ①に戻るケースがある。**「①②①の押し目買い」**と呼ばれる。

「押し目」ってなんですか？

上昇傾向にある価格が一時的に下がることをいうんだよ。

なるほど。だからステージ①→②→①と推移すると「押し目」なんですね。

ステージ②上から中期・短期・長期

- 下降変化期1
- 上昇相場の終焉か？
- 押し目の場合、再度ステージ①へ戻る
- あっという間に過ぎ去るのがこのステージの基本

続いて、ステージ③下降変化期2。

「下降相場への入り口？」とこれまたクエスチョンマークがついているが、ここからステージ④へ移行していくと本格下降時代へ突入する。このステージ③もあっという間に過ぎ去るのが基本。ただし、このステージ②③が長続きするようだと逆にもみあい期入りだとわかる。

ステージ③上から中期・長期・短期

- 下降変化期2
- 下降相場の入り口の可能性がある
- あっという間に過ぎ去るのが基本
- ステージ②③が長続きするなら、もみあい期入りの証拠

ステージ④〜⑥は①〜③の逆になる。

ステージ④上から長期・中期・短期

- 安定下降期
- 長続きしやすい。短く終わるのはもみあい期入りの可能性がある

ステージ⑤上から長期・短期・中期

- 上昇変化期1
- 下降相場の終焉の可能性がある
- 戻しの場合、再度ステージ④へ戻る。「④⑤④の戻り売り」と覚えよう

・あっという間に過ぎ去るのがこのステージの基本

ステージ⑥上から短期・長期・中期

・上昇変化期2
・上昇相場の入り口の可能性がある
・あっという間に過ぎ去るのが基本
・ステージ⑤⑥が長続きするなら、もみあい期入りの証拠

ステージ毎に戦略あり！

続いてステージ毎の戦略を紹介する。ステージ①は買いを仕掛けるチャンス。**3本の線が上昇していること、線と線の間隔が広がっていることを確認して買いを仕掛ける。**

ステージ①の戦略

・ステージ①の3本の線の並び順は上から短期・中期・長期
・3本の線とも右肩上がり
・線と線の間隔が広がっている

ステージ①の戦略はこの3点を確認して買いを仕掛ける。

次のステージ②は買いの「手じまい」が基本になる。「手じまい」とは、取引を終了して現金化することだ。

でも、先ほど押し目のケースもあるとおっしゃいましたよね。これからまた上がる可能性もあるんじゃないでしょうか？

いい質問だ。実は短期と中期がクロスしたから

といってすぐには手じまいしないケースもある。

どこで判別すればいいんですか？

それは中期線と長期線によって決まる。**中期線と長期線の間隔が広く、上昇基調を緩めていないとき、それは押し目の可能性**が大なので手じまわずに様子を見る。

逆に、下降の可能性を感じれば売りの試し玉《ぎょく》を仕掛けるのもこのステージだ。

「試し玉」とはなんですか？

通常の仕掛け時の三分の一から五分の一の取引量で仕掛ける。要は失敗の可能性が大なので、失敗しても痛くもかゆくもない量というのが基本なんだ。偵察売りで、その後（試し玉が成功したら）、本当の仕掛け場で本来の量を仕掛ける。試し玉というのは非常に有効で、それが成功した場合、本格的に仕掛ける場面になったときに大胆に仕掛けることができる。

既に利益を上げている注文を持っているというのは心強い……ということですね。

ただし、試し玉を入れてもいい条件というのがある。後のページで詳しく解説するが、いつもいつも試し玉を入れていいわけではない。

ステージ②の戦略

・買いの手じまい

※ただし、中期線と長期線の間隔が広く、上昇基調を緩めていないときは押し目の可能性が大きいので手じまいは見送る

・（空）売りの試し玉を検討

※試し玉とは通常の仕掛けの三分の一から五分の一の量を仕掛ける

続いてステージ③、ここでは売りの早仕掛けを検討。

今度は「早仕掛け」という言葉が出てきました。「早仕掛け」ってなんですか？　試し玉とどう違うんでしょうか？

試し玉は少ない量を試しに仕掛けてみるというもの。**早仕掛けは通常と同額を通常のタイミングよりワンテンポ早く仕掛けるということ。**

なるほど。通常と同じだけ仕掛けるんですね。

ただし、それだけに見極めが重要となる。もみあい期入りの可能性がある場合は仕掛けない。

もみあい期入りの可能性はステージ①が短いとき、そしてステージ②③が長いときなどですね。

ステージが逆行順行を繰り返すときも要注意だ。

ステージ③の戦略

・売りの早仕掛け

※もみあい期入りの可能性があるときは見送る

ステージ②での試し玉。ステージ③での早仕掛けは失敗も多いが、うまくタイミングを捉えて仕掛けに成功すると大きな利益につながる。

楽しみです♪

ステージ④⑤⑥は①②③の逆。こちらもまとめて紹介したい。

ステージ④の戦略

- **ステージ④の3本の線の並び順は上から長期・中期・短期**
- **3本の線とも右肩下がり**
- **線と線の間隔が広がっている**

※ステージ④の戦略はこの3点を確認して売りを仕掛ける

ステージ⑤の戦略

- **売りの手じまい**

※ただし、中期線と長期線の間隔が広く、下降基調を緩めていないときは一時的な戻しの可能性が大きいので手じまいは見送る

- **買いの試し玉を検討**

ステージ⑥の戦略

- **買いの早仕掛け**

※もみあい期入りの可能性があるときは見送る

三次元分析②「線の傾き」

次は、移動平均線の傾きについて。移動平均線の傾きはトレンドの方向性を示す。例えば20日移動平均線というのは20日間の終値の平均値をつないだ線だよね。上昇トレンドでは過去20日の平均値段はどんどん上昇し、下降トレンドではどんどん下降するんだ。

つまり、その線の傾き＝現在のトレンドということになりますね。

そのとおり。まずはここから理解をしていこう。

線の傾きはトレンドを示す

- **短期線の傾きは短期トレンドの方向性を示す**
- **中期線の傾きは中期トレンドの方向性を示す**
- **長期線の傾きは長期トレンドの方向性を示す**

ここまではわかります。

そして価格が上昇していくとき、短期移動平均線から上昇をはじめ、遅れて中期移動平均線が上昇し、最後にゆっくりと長期移動平均線が上昇をはじめる。この順番をよく覚えておこう。

線の動きだしの順番

- **上昇トレンド発生**
  短期線上昇→中期線上昇→長期線上昇
- **下降トレンド発生**
  短期線下降→中期線下降→長期線下降

つまり、線の傾きから見る買いシグナルとは、短期線の上昇が予兆で、短期線の上昇が続いている中で中期線が上昇してきたら確信に変わり、**短期線・中期線の上昇が続いている中で長期線までが上昇してきたら本物になる**という流れなんだ。

線の傾きから見た買いシグナル

- **予兆→短期線上昇、中期線横ばい、長期線まだ反応せず**
- **確信→短期線上昇、中期線上昇、長期線横ばい**
- **本物→短期線上昇、中期線上昇、長期線上昇**

線の傾きから見た売りシグナル

・予兆→短期線下降、中期線横ばい、長期線まだ反応せず
・確信→短期線下降、中期線下降、長期線横ばい
・本物→短期線下降、中期線下降、長期線下降

線の傾きでステージの移行が見抜ける！

そして線の傾きでステージの移行が見抜けるんだ。

どういう意味ですか？

図16を見てほしい。

この2つのチャートはどちらもある時期、安定上昇のステージ①だったものが、やがて力を弱めていったときのチャートなんだ。

なるほど。確かに中盤までは上から短期・中期・長期という並び順でステージ①の安定上昇の形ですね。

ステージ①は通常その後ステージ②、ステージ③と変化していく。

短期線がまずは中期線とクロスしてステージ②へ、そしてその後、短期線が長期線まで下抜けてステージ③となるわけですね。

そのとおり。そして、図16①のチャートではその流れのとおり、ステージ②ステージ③と推移している。Aの丸とBの丸の部分に注目してほしい。Aの丸はステージ①からステージ②へのクロス。

図16　三次元分析（線の傾き）

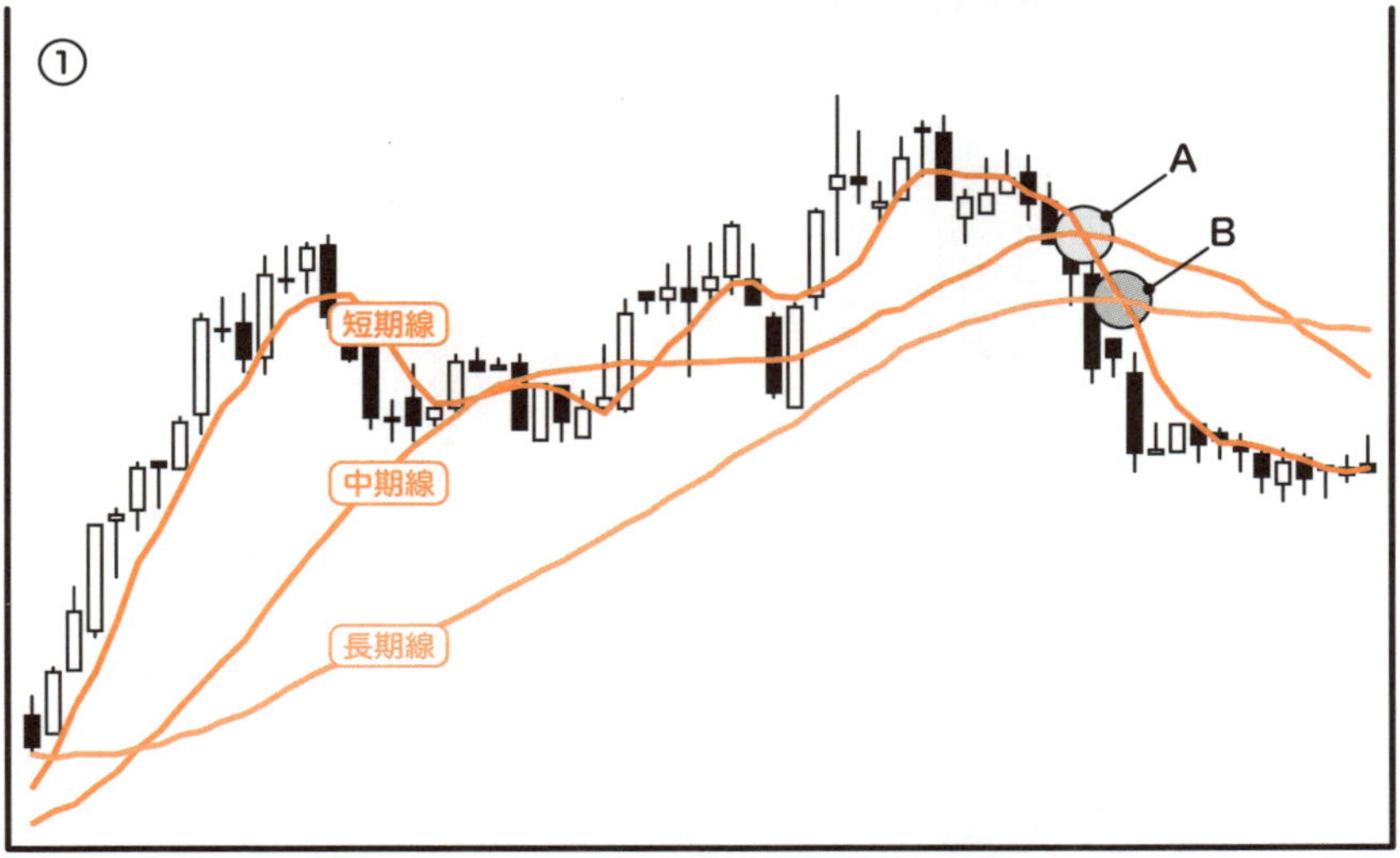

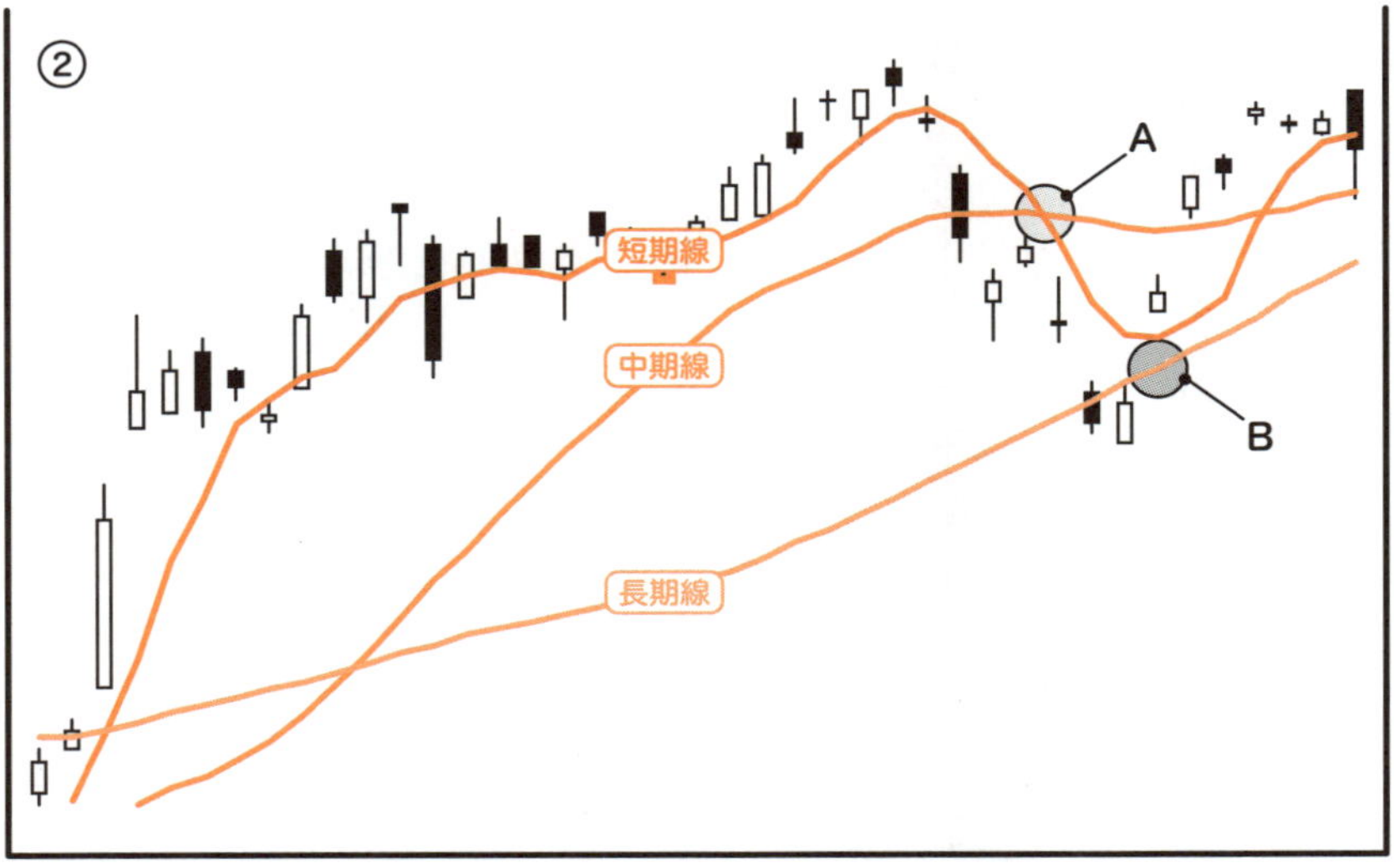

短期が中期を上から下へクロスしてますね。

Bの丸はステージ②からステージ③へのクロスを表す。

今度は短期が長期を上から下へクロスしてますね。

これが典型的な上昇トレンドが破綻して、下降トレンドに移行するパターン。最後に中期と長期がクロスしてステージ④となり安定下降の時代へと移る。

しかし、図16②のチャートでは、その移行がうまくいっていない。

そうですね。Aの丸の部分ではステージ①からステージ②にきれいに移行しているんですが、Bの丸のところのステージ③への移行が失敗していますね。

その結果、価格はまた上昇をはじめ、再度ステージ①へと戻ってしまった。

これは上昇過程の押し目のパターンですね。

この2つを見分けることが大事だと思わないかい。

それが見分けられれば最高ですが、そんなことできるんですか？

できる。図16の①と②のチャートの4つの丸をじっくりと見比べてごらん。なにか違いはないかな？

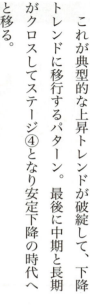

うーん、難しいです。

どちらもある時期、安定上昇のステージ①だった。

上から短期・中期・長期という並び順で3本の線が右肩上がりでしたね。

この安定上昇が終わると、まず短期移動平均線が下降してくる。そして中期線とまずクロスする。このときの中期線に注目してごらん。中期線の傾きはどうなってる？

えーと、中期線もクロスのときには上昇を止めて、横ばいやや右肩下がりに変化してますね。

そのとおり、上昇を止めて横ばいか右肩下がりになったところで短期線とクロスしている。ステージ②への移行だ。ここまでは図16のどちらのチャートも一緒だよね。

長期線の傾きに注目

その後、短期線がさらに下がって今度は長期線とクロスしようとする。クロスすればステージ③への移行。

ステージ②の上から中期・短期・長期という並び順から、今度はステージ③の中期・長期・短期という並び順への変化ですね。

その移行に図16①のチャートでは成功し、②のチャートでは失敗している。では図16①②のチャートで違うところはどこだろうか？

上から短期線が長期線に向かって下降してくるところまでは、どちらも一緒ですね。

そのとき、長期線はどうだい？

あっ。①のチャートは、既に長期線が上昇を止めて、横ばい少し右肩下がりに変化しています！

だからクロスが成功し、ステージ③へと移行出来たんだ。じゃあ、②のチャートはどうかな？

長期線がずっと上昇したままで変化が感じられません。

そこがポイント。クロスされる側の線、今回のケースでは長期線。この傾きが大事なんだよ。クロスがうまくいくときはこの線に明確な変化が現れる。クロスがうまくいかないケースでは変化が見られない（図17）。

クロスの成否を見抜く法則

- **クロスが成功するケースはクロスされる側の線に変化がある**
- **クロスが失敗するケースはクロスされる側の線に変化がない**

なるほど、クロスされる側の線に注目するんですね。でも2線がクロスするときどちらがクロスする線で、どちらがクロスされる線なんですか？

図17 クロスされる線の傾き

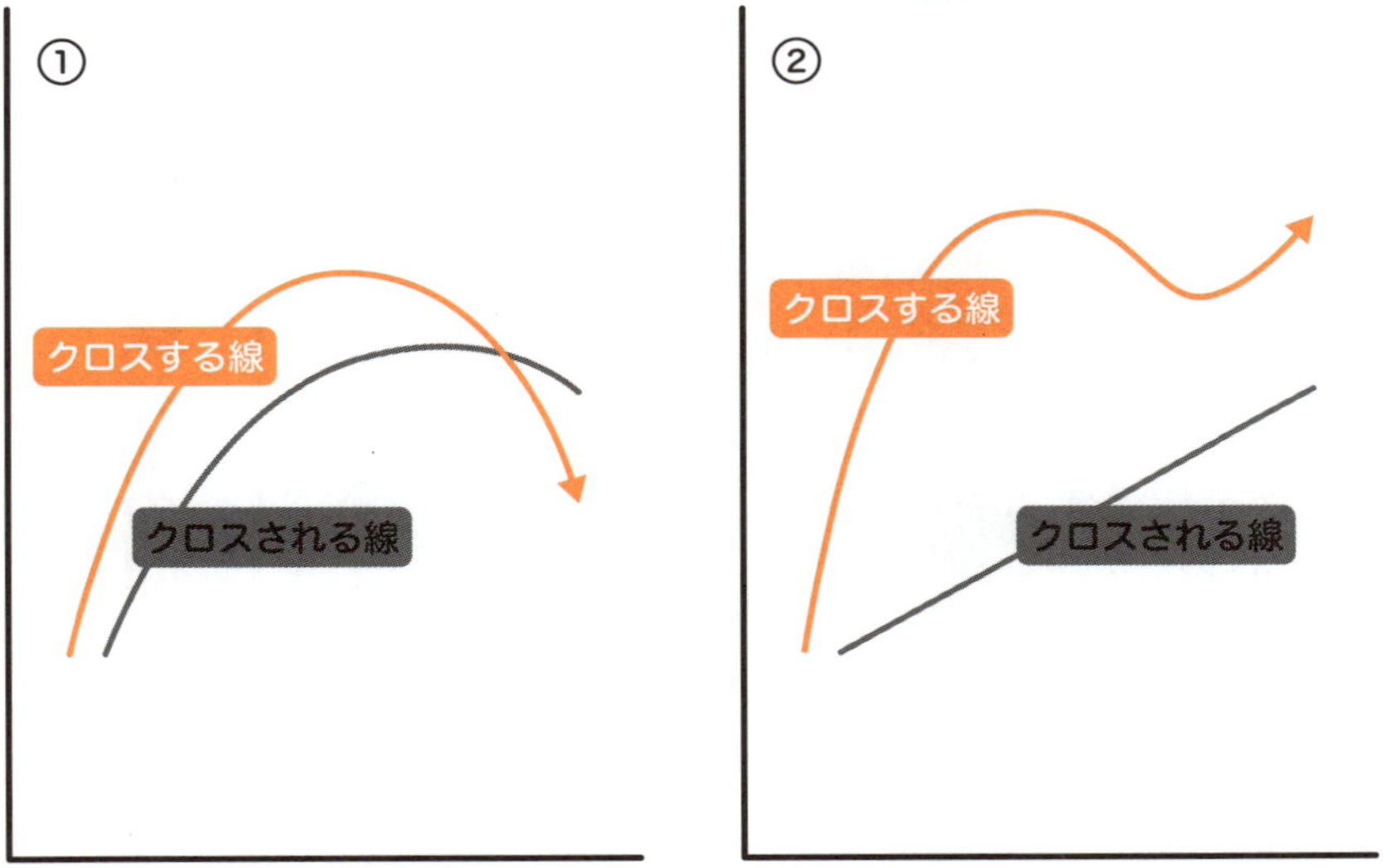

短期線の方が動きが速く、長期線の方が動きが遅い。**動きの速い線がクロスする側、動きの遅い線の方がクロスされる側**だよ。

クロスする側・される側の識別

- **短期線と中期線→短期がクロスする側、中期がクロスされる側**
- **短期線と長期線→短期がクロスする側、長期がクロスされる側**
- **中期線と長期線→中期がクロスする側、長期がクロスされる側**

動きの遅い線が変化しているかどうかがポイントなんですね。

そのとおり。

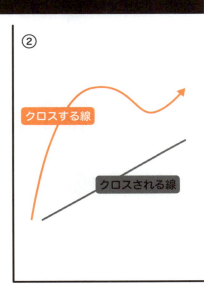

三次元分析③「線と線の間隔」

次は最初から重大なことを教えよう。

なんでしょうか？　ドキドキします。

大循環分析ではステージの変化は正順か逆順。つまり現在がステージ②なら、次は正順でステージ③へ行くか、逆順でステージ①に戻るか2つに1つ。

そうですね。そうお聞きしました。

ところが、これがどちらになるか読めるとしたらすごいと思わないかい？

つまりステージ③へ進むのか、ステージ①に戻るのかが事前にわかるということですか？

そういうこと。

それはすごい。でもそんなこと可能なんですか？

可能なんだよ。大循環分析最大の極意だ。それが線と線の間隔から読み取れる。

教えてください!!

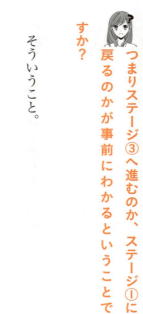

次の展開は線と線の間隔から読み取れる

例えば今がステージ④とする。この次の展開はどういう展開がある？

正順でステージ⑤に行くか、逆順でステージ③に戻るかですね。

そうだね。ステージ④とは上から長期・中期・短期という並び順になる安定下降のパターン。そしてステージ⑤、ステージ③というのはどういう並び順になる？

ステージ⑤は上から長期・短期・中期、ステージ③は上から中期・長期・短期です。

そうだね。つまりステージ④からステージ⑤という正順の流れは、安定下降の並び順（上から長期・中期・短期）がやがて底を打ち、価格が上昇をはじめて、短期が中期とクロスをするとステージ⑤（上から長期・短期・中期）となる（図18）。

典型的な底打ちパターンですね。

ところが短期と中期がクロスする前に、中期が上昇して長期とクロスしたら、上から中期・長期・短期という並び順（＝ステージ③）に戻る（図19）。

その変化が線と線の間隔を見れば1つに絞られる。

あっ。

図18　正順でのステージの推移

わかったようだね。もしステージ④からステージ⑤へ移行するなら短期線が上昇して中期線とクロスする。ということは短期線と中期線が急接近する。

なるほど。このケースでは動きが速い短期線が中期線に向けて急接近していくということですね。

逆にステージ③に戻るなら中期線が上昇して長期線とクロスする。

なるほど、なるほど。中期線が長期線に向かって急接近していくということですね。

だから、短期が中期に接近していけばステージ⑤への移行、中期が長期と接近していけばステージ③への移行と読める。

確かに一つに絞れました。

もう1つ例をあげて確認をしてみよう。今現在ステージ⑤にあるとすると、次の展開は何が考えられる？

ステージ⑤ということは上から長期・短期・中期ですね。順当なら、正順でステージ⑥(上から短期・長期・中期)ですが、逆順になるとステージ④(上から長期・中期・短期)。この2つのどちらか一つですね。

図19　線と線の間隔から次のステージを読む

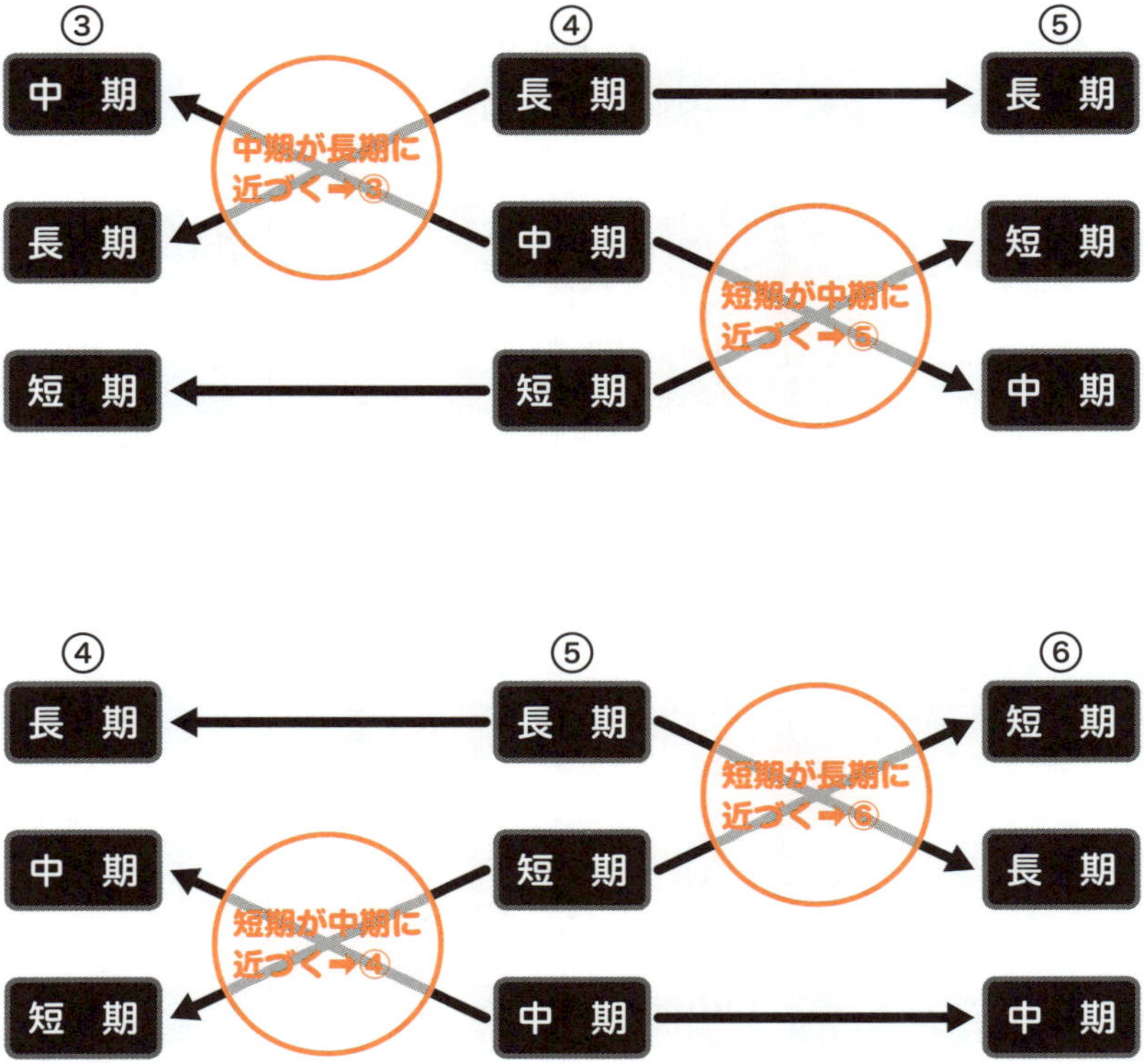

そこまではわかったね。ということは短期が上昇して長期と接近していったらステージ⑥に移行、短期が下降して中期に接近していったらステージ④に移行とわかる。

なるほどですね♪

ステージ⑤では短期は真ん中にある。この短期が長期に向かって上昇していくか、中期に向かって下降していくかがステージ変化の見分けポイントだよ。

短期がどちらに向かっているかということで、次の展開が1つに絞れますね。

そうだ。このように線と線の間隔を極めれば次の展開はなんと1つに絞れてしまう。そこが移動平均線大循環分析の醍醐味だ。

ステージの継続も間隔で見抜ける

ステージの変化はある線とある線がクロスすることによっておこる。そのために2線の接近を見ればステージ移行が読み取れる。では3線が離れたまま、接近の兆しがないときはどうなる？

う〜ん……。クロスしないんですから今のステージが継続するってことでしょうか。

そうだね。線の間隔から重要なことがいつくもわかる。整理してみよう。

ステージの継続

- 3つの線の間隔が拡大（あるいは広いまま継続）
  →そのステージが長続きすることを示す
- 2つの線の間隔が接近→そのステージが終わり新たなステージに移行することを示す
- 3つの線が接近→横ばいで3つの線が長期間接近するのはもみあい相場入り

これはよくわかります。

補足として帯《おび》のことを話しておこう。

「帯」というのは中期線と長期線の間を塗りつぶしたものだよ。帯が移動平均線大循環を極めるためにとても大事なんだ。ちなみに、実際には帯に色は塗られていないので、塗られているイメージをしてほしい。

帯（中期と長期の間を塗りつぶしたもの）

- 帯の間隔が広く上昇→長続きする上昇
- 帯の間隔が広く下降→長続きする下降

これは手じまいのところと関係するので覚えておいてほしい。

帯の間隔が広いと長続きするんですね。

第４章まとめ

線の並び順

- ステージ①（短期・中期・長期）安定上昇
- ステージ②（中期・短期・長期）上昇相場の終焉
- ステージ③（中期・長期・短期）下降相場の入り口
- ステージ④（長期・中期・短期）安定下降
- ステージ⑤（長期・短期・中期）下降相場の終焉
- ステージ⑥（短期・長期・中期）上昇相場の入り口

線の傾き

- クロスされる側の線の傾きの変化を見れば、クロスが成功するかどうかが読める

線の間隔

- ３本の線のうち、どの２本の線が接近しているかで、正順か逆順かが見抜ける

第5章

「大循環分析」を使いこなせば、一気に上級者へ！

大循環分析の「仕掛け」ポイント

三次元分析を解説したところで、大循環分析を使った仕掛けポイントを整理したい。大循環分析で上級者になるためには試し玉・早仕掛けを使いこなすことがポイントだったね。

試し玉とは、通常の買いポイントの前に実験的に少量買ってみることでした。

失敗覚悟で、失敗してもかまわない量を買う。本来の買いポイントに来たら、通常の額を追加で買う。売りの仕掛けはこの逆。

それに対して、早仕掛けとは通常の量を、ワンテンポ早く仕掛けることですね。

そう。試し玉・早仕掛けに関しては既に解説した。試し玉・早仕掛けをしてもいい条件をまとめよう。

買いの本格仕掛け

- **ステージ①で3本の線が右肩上がりになったときに仕掛ける**

買いの早仕掛け

- **ステージ⑤と⑥で3本の線が右肩上がり**
- **ステージ①で短期・中期上昇、長期横ばいに変化**
- **ステージ⑥で短期・中期上昇、長期横ばいに変化**

買いの試し玉

- **ステージ⑤で短期・中期上昇、長期横ばいに変化**
- **ステージ⑥と①で短期上昇・中期横ばい、長期下降がはっきりとゆるやかになる**

「下降がはっきりとゆるやかになる」とは、まだ下降しているものの、その下降のスピードが明確にゆるやかになること。

これらの仕掛け条件は、大事なので何度もいうが、ここで仕掛ければ必ず成功するというものではない。全ては確率的に有利ということ。ここを勘違いしないように。

失敗する可能性がそれなりにあるということを認識して仕掛けることが大事ですね。

大循環分析の「手じまい」ポイント

今度は手じまい（決済）についてまとめてみよう。

基本の手じまいポイント

- **ステージ①が終了し、3本の線が並び順を変えたら、買いを売り手じまい（買ったものを決済する）**
- **ステージ④が終了し、3本の線が並び順を変えたら、売りを買い手じまい**

3本の線が並び順を変えるとは、上から短期・中期・長期（＝ステージ①）だったものが、正順で上から中期・短期・長期（＝ステージ②）に移行するか、逆順で上から短期・長期・中期（＝ステージ⑥）に戻るかの2つに1つ（図20①）。

ところが、ステージ①がある程度上昇した後は、変化はステージ②しかない。またステージ④である程度下降した後は、変化はステージ⑤しかない。

3本の線の間隔が大きく空いた後は、短期が中期にクロスする確率と、中期が長期とクロスする確率を比較したら、圧倒的に短期が中期にクロスする確率の方が高いということですか？

そうなんだ。図20②のグラフ

図20　ステージ❶からステージ❷への移行

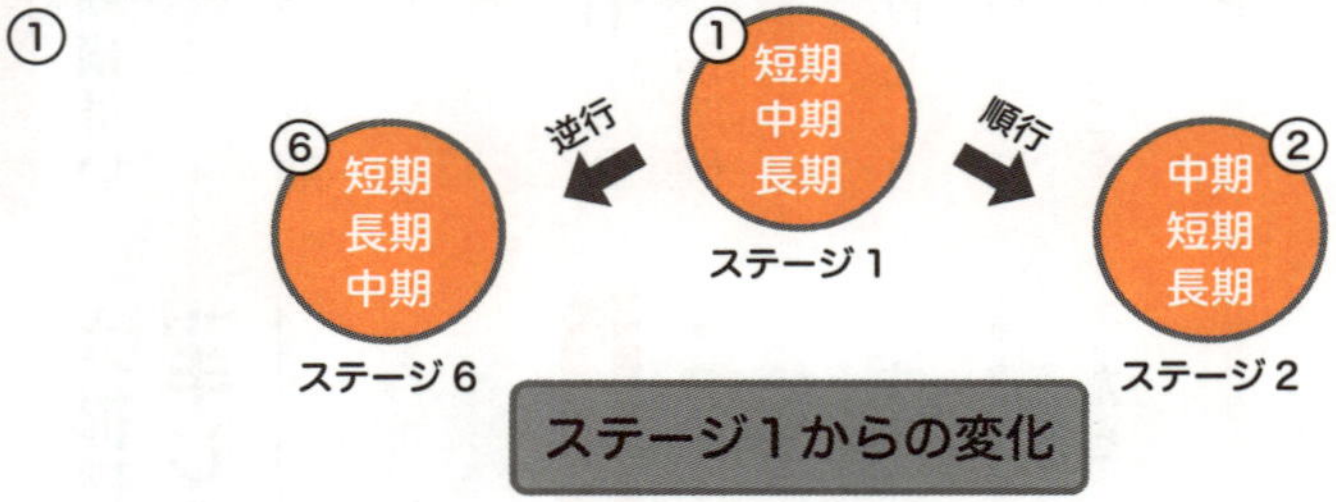

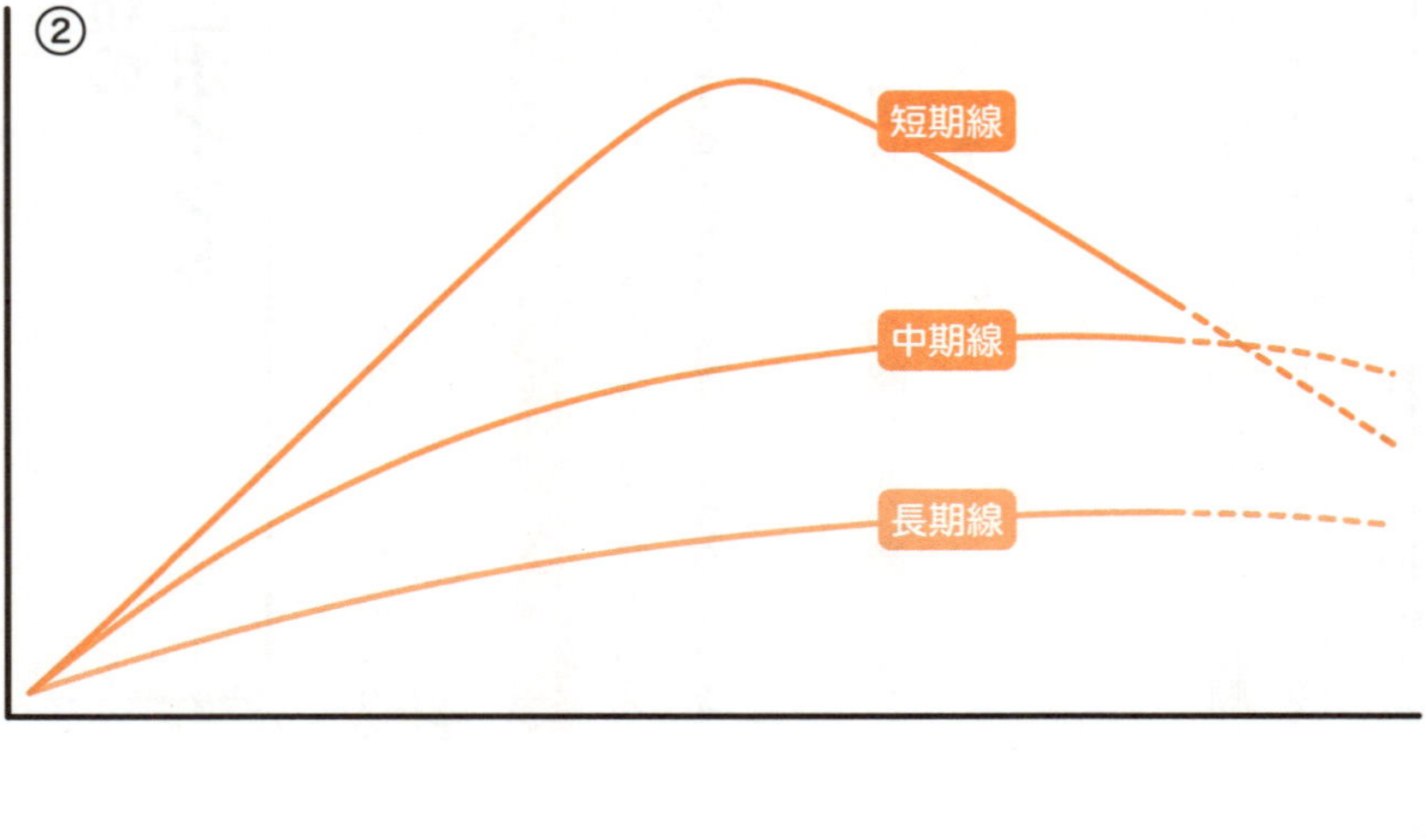

を見てごらん。価格が下がり出すと、短期が一番早く動くのだから、短期が下がって中期とクロスするというのが次の展開となるのは簡単に想像がつく。

確かにそうですね。

そこで手じまいのポイントだが、ステージ①で買いを仕掛けているとして、短期と中期がクロスしたのを確認して、次の日に手じまいでは遅いケースが多い。

その間にさらに下がってしまう可能性があるんですね。

そこで上級者はステージ①である程度利益を取った後は、**前日の中期線の値で逆指値注文を出しておいて、翌日価格がそこを下回ったら決済するということをやっている。**下降相場に変化したなら早く手じまうことが大事だからね。

ちなみに指値《さしね》注文というのは、○円以下だったら買う、○円以上だったら売るというのが通常の指値注文。それに対して○円以上だったら買う、○円以下だったら売るというのが逆指値注文。逆指値注文は、思惑が外れて価格が下がり、一定以上の損が出て手じまうときに使う注文方法だ。

逆指値注文はストップ注文と呼ばれることもあるんだ。

買いの早めの手じまい

①ある程度上がった後
②前日の中期の価格で逆指値注文を出しておく
③その価格を下回ったら即手じまい

売りの手じまいはこの逆ということですか？

そうだ。なお、買いの手じまいの注意ポイントとして、帯の間隔が広く安定上昇を崩していないときは、短期が中期とクロスしても、すぐには手じまわない。

①②①の押し目買いのパターンですね。大循環分析の手じまいは、ステージ②に移行したら行うということでしたよね。手じまいの注意点をおしえてください。

ロスカットライン（あらかじめ決めた、損失が出た場合に決済する限度額のこと）を、常に設定する必要があるね。ステージ②に到達する前にロスカットラインに到達したら、そこで手じまいをするんだよ。

そうなんですね。「ロスカットラインは常に設定」で覚えておきますね。

大循環分析応用編①（押し目買い・戻り売りのパターン）

次は、大循環分析の応用編だよ。ステージの変化にはパターンがある。このパターンを覚えることが大事だ。

その代表例が**「押し目」**と**「戻し」**。押し目はステージ①→ステージ②→ステージ①というパターンが多く、戻しはステージ④→ステージ⑤→ステージ④というパターンが多い。これを①②①の押し目買い、④⑤④の戻り売りと説明したよね（図21）。

図21　押し目と戻し

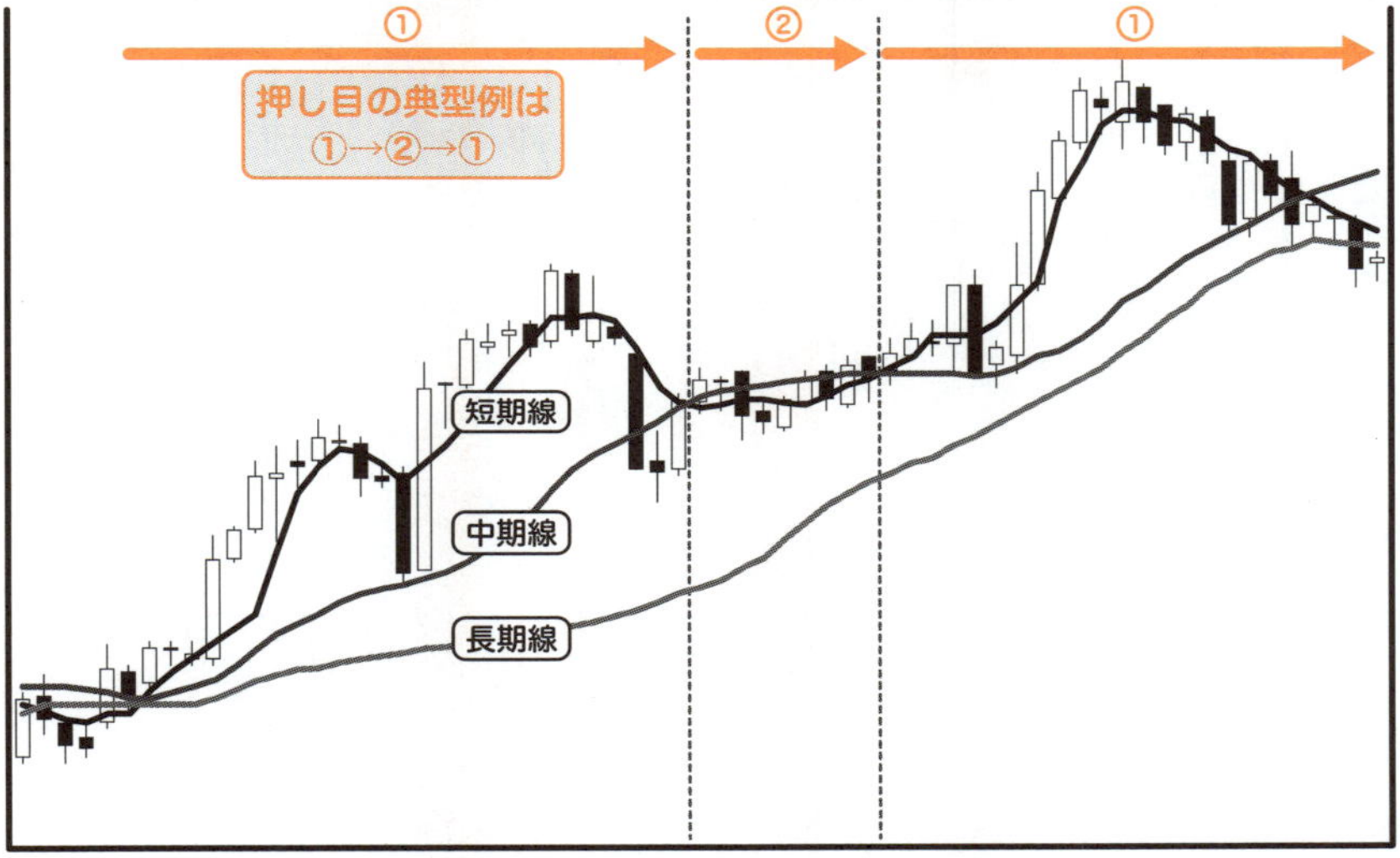

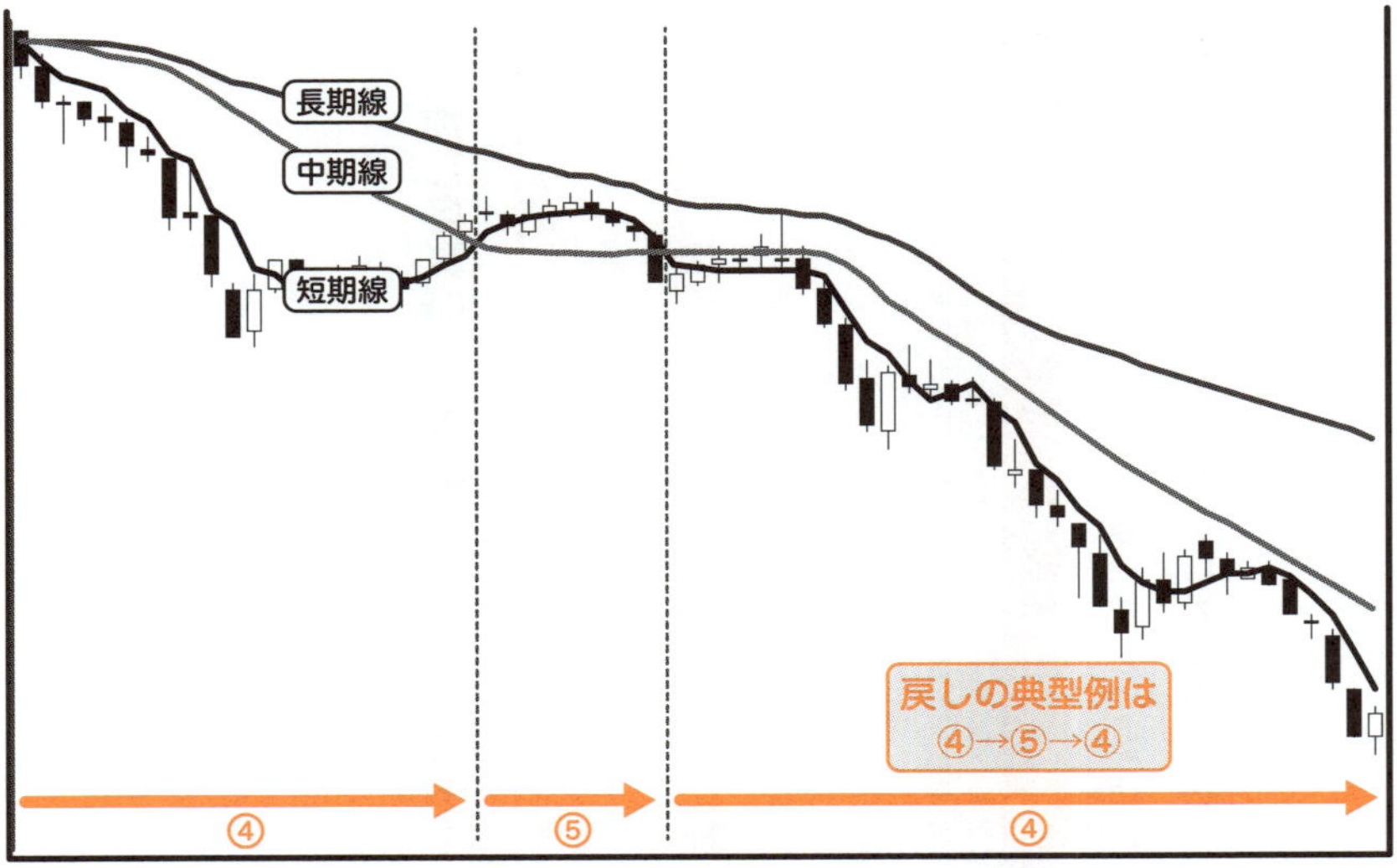

覚えています。

ときに、ステージ③まで押す深い押し、ステージ⑥まで戻す深い戻しもあるので、覚えておこう。

押し目パターン

- **①②①の押し目**
- **①②③②①の押し目**

戻しパターン

- **④⑤④の戻し**
- **④⑤⑥⑤④の戻し**

①②①の押し目と④⑤④の戻しのパターンは圧倒的に多いから、ステージ①から②へ変化したときは、「また①に戻る可能性があるのでは？」とチェックする必要がある。ステージ④から⑤へ変化したときも同じだよ。

押し目・戻しの仕掛けポイントってなんですか？

基本は、**押し目買いならステージ②からステージ①に戻ったとき。**このとき、3本の線が右肩上がりであることが条件だ。

戻り売りなら、**ステージ⑤からステージ④に戻ったとき。**やはり3本の線が右肩下がりであることが条件だよ。

押し目買いの仕掛け時

- **ステージ②からステージ①へ戻って、3本の線が右肩上がりであることを確認して仕掛ける**

戻り売りの仕掛け時

- ステージ⑤からステージ④へ戻って、３本の線が右肩下がりであることを確認して仕掛ける

なるほど。ということはやっぱりステージ①で３本の線が右肩上がりなら買い、ステージ④で３本の線が右肩下がりなら売りという通常の仕掛けと同じですね。

基本はそうだが、ここでもワンテンポ早く仕掛けられるかどうかがポイント。買いの早仕掛け（&試し玉）はステージ⑥やステージ⑤で行うと解説したが、押し目買いではステージ②で仕掛けることになるんだ（図22）。

なるほど、ステージ②のうちに買いを仕掛けるというパターンがあるんですね。

図22 押し目買いの仕掛け時

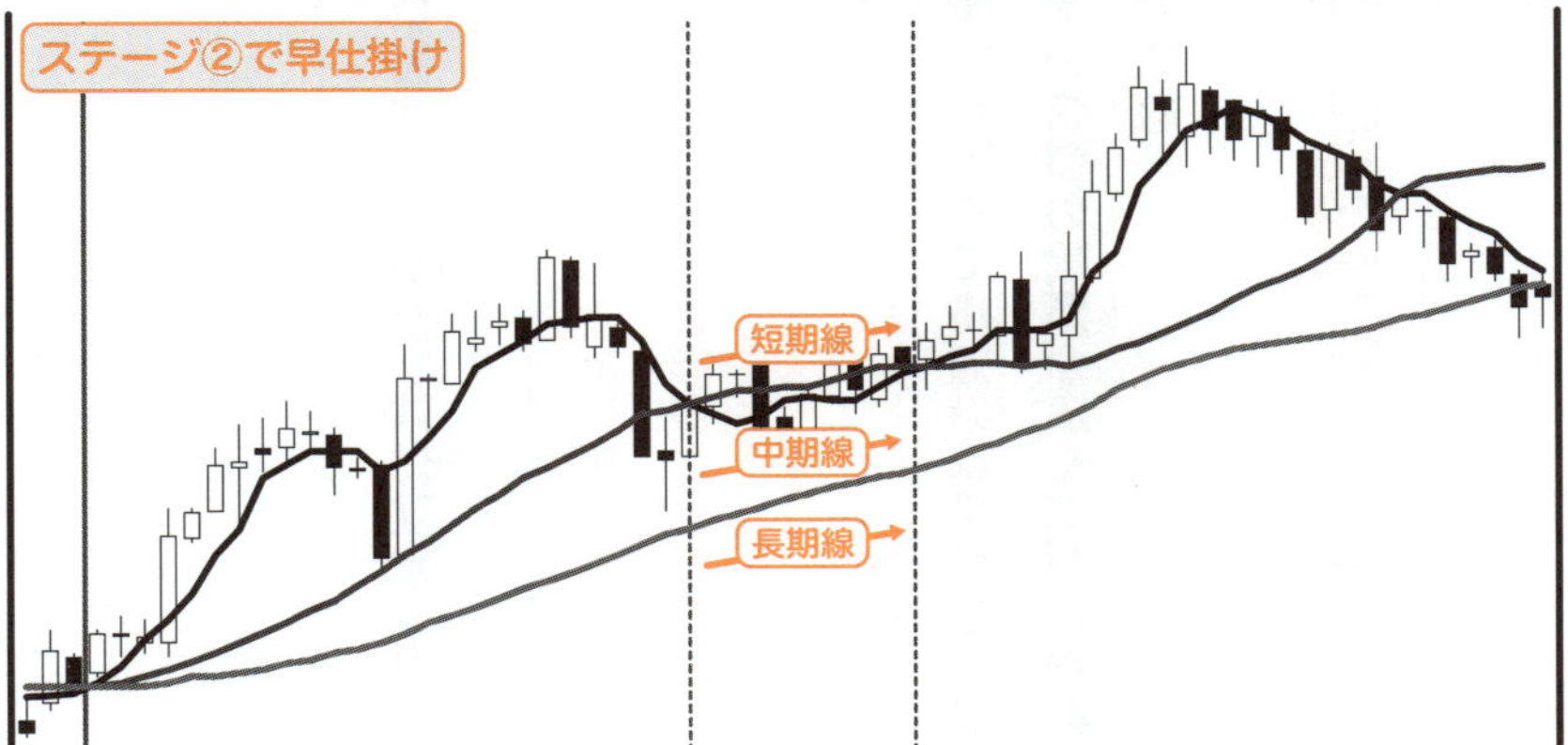

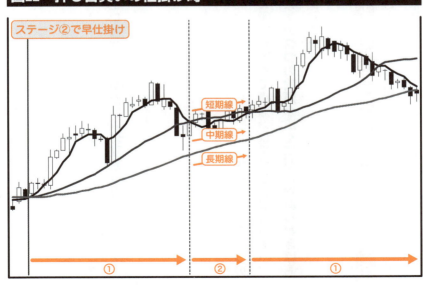

そのときに大事なのは帯。帯の間隔が広く、安定して右肩上がりならステージ②で仕掛けていい。

戻り売りのときはこの逆で、ステージ⑤で売りを早仕掛けということでいいんでしょうか？

そういうことだ。あやちゃん、しっかり理解しているね。

大循環分析応用編②（もみあい放れのパターン）

今度はもみあい中の大循環分析の使い方を解説しよう。もみあい中にもステージはどんどん変化する。ステージが短期間に次々と変化するのがもみあいといってもいい。

そして、そのもみあいの中でもトレンド系指標の買いシグナルと売りシグナルが出てくる。

でも、もみあい相場だとほとんど「騙し」になるんだ。だからトレンド系の指標を使うなら、**もみあい相場でのシグナルは注意が必要**だよ。

ところで、もみあい相場かどうかはどう見きわめるのが一番簡単ですか？

帯に注目すればいい。その**中期と長期の2つの線の間隔が狭くて横ばい状態のときはもみあい。**逆にその**2つの間隔が広くて傾きがあるときはトレンド状態**だ。

もみあい相場の見分け方

- **もみあい＝中期線と長期線の間隔が狭くて横ばい**

・トレンド＝中期線と長期線の間隔が広くて傾きがある

確かにもみあい相場では3本の線が横ばいで絡み合っていますね（図23）。

もみあい相場で取ろうとしても取れる幅は少なく、リスクは大きい。もみあい相場を発見したらもみあい放れを虎視眈々と狙うことが大事。

「もみあい放れ」ってなんでしょうか？

「もみあい放れ」とは、ある時

図23　大循環分析のもみあい相場の見分け方

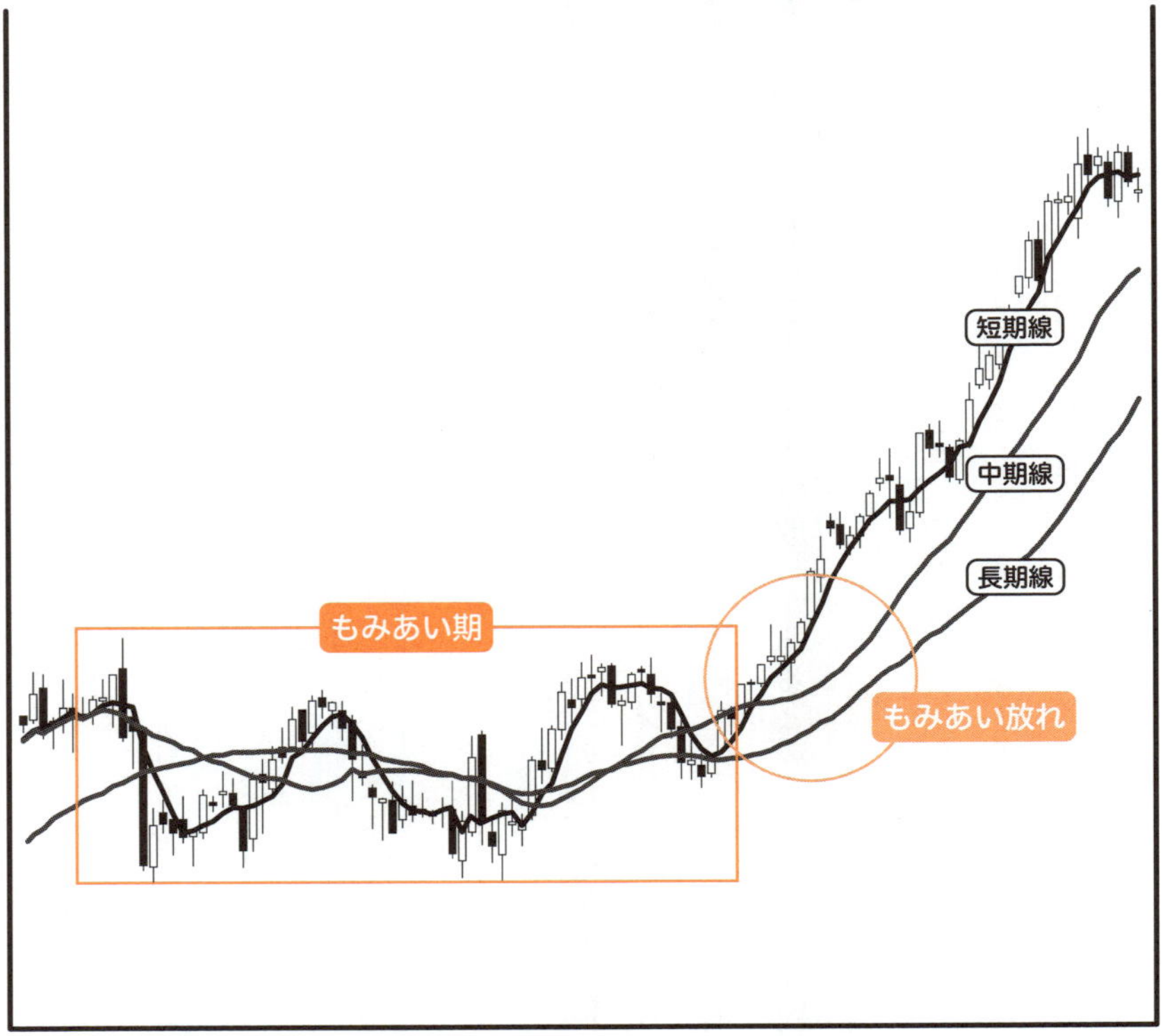

をさかい目にして、もみあい状態から一気に上か下に価格が動くことをいう。つまり、もみあいの終了を意味するんだ。そして、もみあいの終了が新たなトレンドの発生になる。もみあい放れを発見することは重要なことなんだよ。

もみあい放れの見つけ方ってありますか？

大循環分析を使ったもみあい放れの見つけ方を教えよう。

もみあい相場の中にもステージの変化はあると説明した。つまり6つのステージがもみあい相場の中で出現する。その中で注目はやはりステージ①とステージ④。

その他は無視していいんですか？

無視していいよ。もみあい放れになる可能性があるのはステージ①かステージ④のときのみ。ステージ①で上放れる（価格が上昇する）、ステージ④で下放れる（価格が下降する）。そこに注目する。

ステージ①でも上放れない、ステージ④でも下放れないときはないでしょうか？

もちろんあるよ。私がいったのは、**「もみあい放れの可能性があるのはステージ①かステージ④のときのみ」**ということ。ステージ①やステージ④なら必ずもみあい放れがあるということではない。

とりあえず、ステージ②・③、ステージ⑤・⑥は無視して、ステージ①とステージ④だけに注目することにします。

それだけで、随分余裕ができると思うぞ。

そうですね。ステージ①やステージ④でどうやって放れを発見するかを教えてください。

実はここも考え方は同じなんだ。**ステージ①で3本の線が右肩上がり、これがもみあい上放れのサイン。ステージ④で3本の線が右肩下がり、これがもみあい下放れのサイン。**そして、ここでは短期線と中期線の間隔に注目するといい。もみあい継続ならステージ①や④になったとしてもすぐに間隔が縮小していく。ところが**もみあい放れなら短期と中期の間隔がどんどん広がっていく。**これがもみあい放れのサインなんだ。

なるほど。大循環分析はもみあいでも使えるんですね。

ということでこの章では「押し目買い・戻り売り」「もみあい放れ」の大循環分析の使い方を解説した。

大循環分析応用編③（「帯」の見方）

次は「帯」の話をしたい。

帯ですか？　何回か出てきましたよね。

大循環分析で正しく分析をするためのキーポイントは帯なんだ。「帯」とは何度も説明しているとおり**中期線と長期線の間のこと。**中期と長期の線の間隔はなかなか変化しない。だから帯を見ると大局の流れがわかる。**帯の幅と傾きが大事**なんだよ。

傾きも大事なんですね。

帯は、大局の上昇トレンドで右肩上がり、大局の下降トレンドで右肩下がりになるのはわかるよね。

帯の傾きの度合いで、上昇が加速した、減速したなどが判断できる。そして帯が横ばいだとそれはもみあい相場だ。取りやすい相場、取りにくい相場も帯からわかる。

取りやすい相場

- **帯が右肩上がり（下降相場では右肩下がり）**
- **帯が広がっている。あるいは間隔が広い状態で安定**

取りにくい相場

- **帯が横這い**
- **帯の間隔が狭い**

もう少し「帯」について解説したい。図24のように、帯に色を塗ることが出来れば一番いい。プリントして色鉛筆で塗ってみるとわかりやすい。

中期線が長期線の上にある帯を「上昇帯」といい、**中期線が長期線の下にある帯を「下降帯」**という。これをそれぞれ色分けして塗ることがポイント。

上昇帯は大局上昇トレンドを示し、下降帯は大局下降トレンドを示すんだ。

帯の種類

- **中期線が長期線の上にある帯＝上昇帯→大局の上昇トレンドを示す**
- **中期線が長期線の下にある帯＝下降帯→大局の下降トレンドを示す**

とすると、下降帯から上昇帯に転換するところ、上昇帯から下降帯に転換するところがトレンドの転換点となることがわかる。

そのポイントを**「帯のねじれ」**と呼ぶ。

このねじれポイントが大局トレンドの転換点だとすると、そこで価格が変化しやすいというのもわかると思う。

確かにそうですね。

下降帯から上昇帯に転換するところを「帯の陽転」と呼ぶ。**上昇帯から下降帯に転換するとこ**

図24 帯のねじれと陽転・陰転

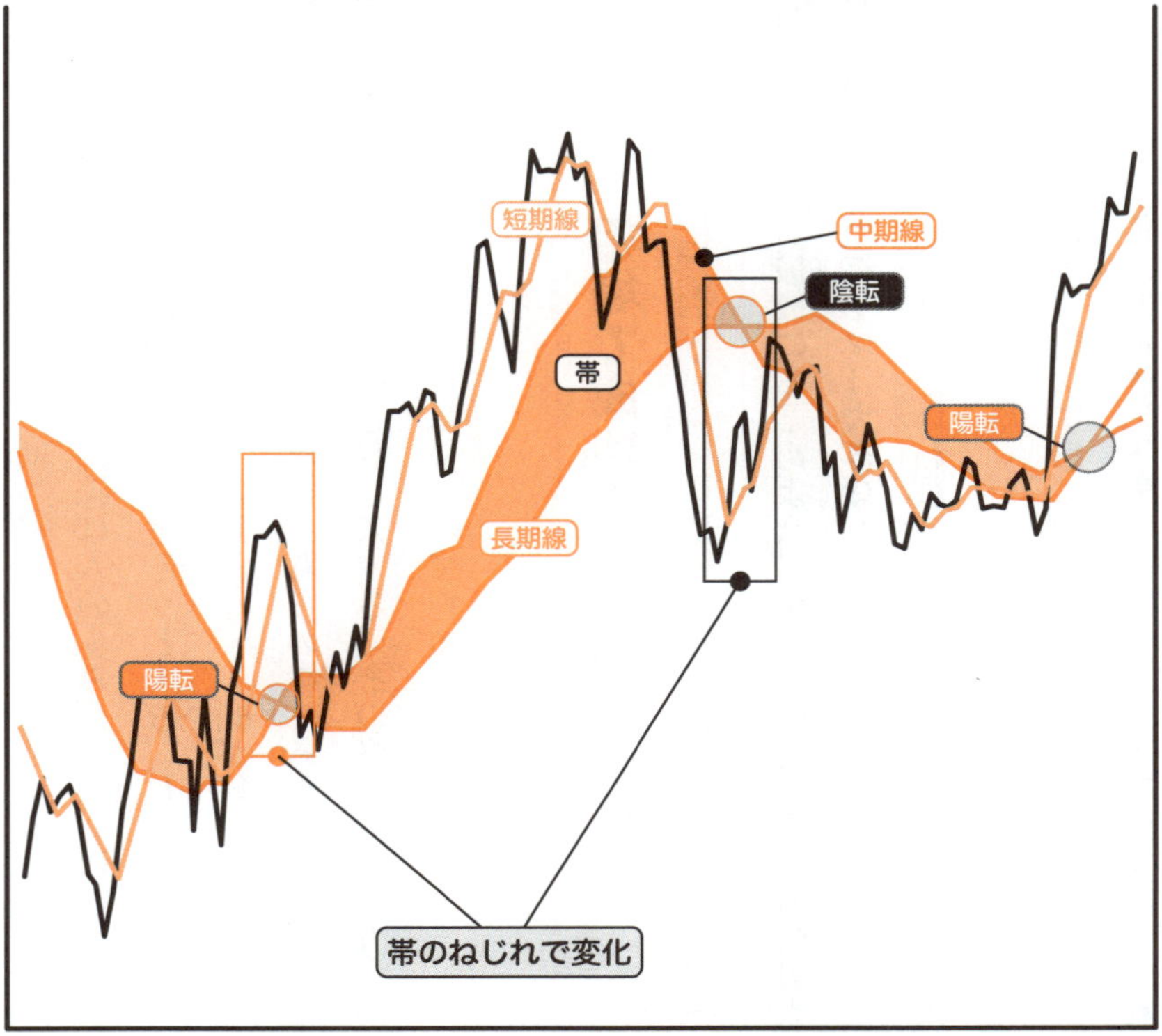

ろを「帯の陰転」と呼ぶ。そこが大きな変化ポイントであることを知ろう。

帯の陽転・陰転

- **下降帯から上昇帯への転換点を帯の陽転と呼ぶ。大局トレンドが上昇に転じたことを示す。その転換点で価格が変化しやすい**
- **上昇帯から下降帯への転換点を帯の陰転と呼ぶ。大局トレンドが下降に転じたことを示す。その転換点で価格が変化しやすい**

また、しばしば帯が価格の抵抗帯になる。大循環分析を違う視線で見るなら、**帯と短期線の関係を読み解くのが大循環分析**ともいえる。

帯と短期線ですか？

帯は大河。ゆっくりと流れる悠久の大河。それに対して、短期線は人の歩み。人は河に沿って歩む。時に人は河を渡ろうとする。しかし、河幅が広ければ簡単には渡れない。幅が狭くなれば、人はこちらの岸からあちらの岸、あちらの岸からこちらの岸へと行き来する。その悠久の時の流れがチャートには描かれているんだ。

相場で成功するための極意

最後にまとめよう。相場で成功するための最大のテーマは**大きなトレンドしっかりと取る**こと。当たり前といわれるかもしれないが、これが意外とできていない。大循環分析はこれに適している。

相場で成功するには、安定的に上昇するステージ①、安定的に下降するステージ④を見つけ、それ

をしっかりと取れるかに尽きる。

確かに極意ですね。

大循環分析ではそれができる。しかし、残念ながら大相場というのは頻繁にはない。とすると「小さなトレンドでも取りたい」という話になる。

では小さなトレンドでも取るためにはどうしたらいいか。それは**ワンテンポ早く仕掛ける**ということ。つまり大循環分析でいえば、**ステージ⑥やステージ⑤で買う、ステージ③やステージ②で売る**ということ。

しかし、早く仕掛ければ仕掛けるほど騙しが多くなってくる。これを減らすために三次元分析が役立つのだ。**仕掛けてもいいタイミングを三次元分析で読み取る**ようにすればいいんだよ。

相場で成功するための極意

- 大相場をしっかりと取る！

小さなトレンドを取るために必要なこと

- ワンテンポ早く仕掛ける！

基本の手じまいポイント

- ステージ①が終了し、３本の線が並び順を変えたら、買いを売り手じまい
- ステージ④が終了し、３本の線が並び順を変えたら、売りを買い手じまい

買いの早めの手じまい

①ある程度上がった後

②前日の中期の価格で逆指値注文を出しておく

③その価格を下回ったら即手じまい

帯（中期と長期の間を塗りつぶしたもの）

- 帯の間隔が広く安定上昇→長続きする上昇
- 帯の間隔が広く安定下降→長続きする下降

第５章まとめ

買いの本格仕掛け

ステージ①で３本の線が右肩上がり

買いの早仕掛け

- ステージ⑤、⑥で３本の線が右肩上がり
- ステージ①で短期・中期上昇、長期横ばいに変化
- ステージ⑥で短期・中期上昇、長期横ばいに変化

買いの試し玉

- ステージ⑤で短期・中期上昇、長期横ばいに変化
- ステージ⑥、①で短期上昇・中期横ばい、長期下降がはっきりとゆるやかに。

第6章

憧れのチャート分析「一目均衡表」をマスターしよう

日本で生まれた「一目均衡表《いちもくきんこうひょう》」

一目均衡表は昭和の初期に日本人が考案した、世界を代表するテクニカル分析手法なんだよ。今や、世界のトップトレーダーが一目均衡表を利用しはじめている。株式・ＦＸのデイトレーダーも一目均衡表を使って有効な手法だといっているんだ。

そうなんですね。でも、一目均衡表って難しそうです。

全くそんなことはないよ。こんなにシンプルな手法はないっていってくらいなんだよ。

線が5本あって、それらが絡んでくるから難しく感じるだけ。これからそれを整理してわかりやすく解説するよ。

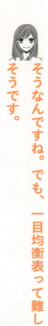

ひと目で「均衡」がわかる

一目均衡表という名前を見ただけで「ひと目で均衡がわかるチャート」だとわかるよね「均衡」とは売り勢力と買い勢力のバランスがとれている状態。**価格は買い勢力が強ければ上がっていく、売り勢力が強ければ下がっていく。**

勢力が強い方に相場は動く。だから、どこが均衡点かを知れば、今現在、買い勢力が強いのか売り勢力が強いのかがすぐに判断できる。それを可能にするのが一目均衡表だ。

一目均衡表は世界に数あるテクニカル指標の中で、チャートの〝現在位置〟よりも先に線が引かれている珍しい指標でもあるんだよ。

移動平均線は〝現在位置〟よりも先に、線は引かれてないですね。

日々一目均衡表を見ている人でも、「なぜ26日先まで描いているのか」をわかっている人は少ない。残念な限りだ。この部分を正しく理解できるように解説していこう！　そして、いずれは原著となる、一目均衡表の考案者一目山人氏が書いた一目均衡表の本などにも、手を伸ばしてみてほしいと思っている。

まずは線の名前を覚えよう

図25が一目均衡表のチャートだよ。

一目均衡表は5つの線から成り立っている。その5つの線とは**「転換線」「基準線」「遅行スパン」「先行スパン1」「先行スパン2」**だ。

そして、**先行スパン1と2の間を塗りつぶしたものが「雲」**と呼ばれている。

まずは、その名称を覚えて、チャートを見たときにそれぞれの線を見分けられるようになる訓練をしよう。

どうやって見分けたらいいですか？

まず、**遅行スパンは1つだけ後ろにずれている**からすぐわかるよね。5つの線の中で一番仲間はずれの線だ。

続いて先行スパン1と2。**雲と呼ばれるのは先行スパン1と2で囲まれた部分**になる。だから先行スパンもすぐわかるね。

また、**先行スパンは、現在から先に伸びている線**だよね。問題は、どちらが先行スパン1でどちらが先行スパン2かということ。見分けられるかね？

全くわかりません。

先行スパン1と2は、時に先行スパン1が上にあったり、先行スパン2が上にあったりと入れ替わるので見分けづらい。簡単な識別法を教えよう。

横ばい状態が長い方が先行スパン2。先行スパン2に比べて上がったり下がったり変化が多いのが先行スパン1と覚えれば

図25　一目均衡表と5つの線

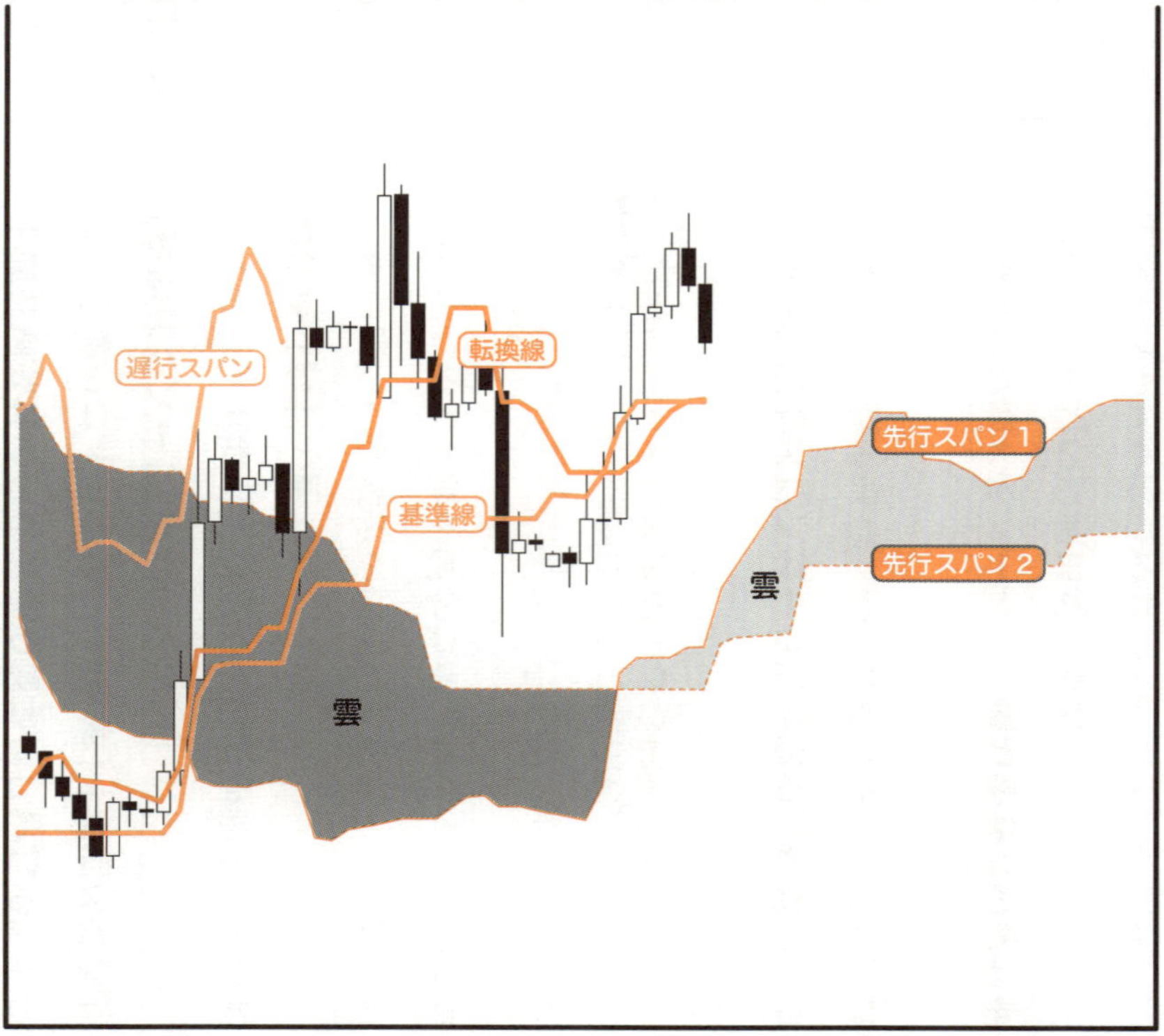

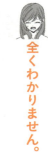

いい。

それはとっても簡単ですね！ これだとどちらが1で、どちらが2かすぐにわかりますね。

そして、転換線と基準線。価格と共に上がったり下がったりしている線だが、**より価格の近いところを動いているのが転換線。転換線の外側で価格と共に動いている線が基準線だ。**

これもわかりやすいですね！

一目均衡表を使いこなすためには、5つの線を見た瞬間に、「これは転換線、これは先行スパン1」などと見分けられることがベストだ。まずはその訓練をするところからはじめよう。

これならできそうです。がんばります!!

5つの線の見分け方

- **転換線→価格の一番近くを共に上下しながら動く線**
- **基準線→転換線の外側を価格と共に上下しながら動く線**
- **遅行スパン→1本だけ後ろ側にずれている仲間外れの線**
- **先行スパン1→雲を作る線のうち、上下動が多い線**
- **先行スパン2→雲を作る線のうち、横ばい状態が長い方の線**

計算式をマスターしよう

さて、次は一目均衡表の各線の計算式をマスターすること。

一目均衡表の計算式は簡単。小学生でも理解できる。小学生でも理解できるくらい簡単な計算式で作られているテクニカル指標が難しいはずがない。

う〜ん……。そういわれてみるとそんな気も……。

では計算式を紹介しよう。

計算式

- **転換線＝（過去9日間の最高値＋最安値）÷2**
- **基準線＝（過去26日間の最高値＋最安値）÷2**
- **遅行スパン＝当日の終値を26日後にずらして描く**
- **先行スパン1＝（転換線＋基準線）÷2を26日先にずらして描く**
- **先行スパン2＝（過去52日間の最高値＋最安値）÷2を26日先にずらして描く**

※一目均衡表の日数計算は全て当日を含めた計算

どうだ難しいところがあったかな？　遅行スパンなど、単に終値を26日前にずらしただけ。こんなシンプルなものはない。

確かに。でも前後にずらすというところが難

しく感じさせるのかもしれませんね。

そういうこと。つまり、計算式が難しいのではなく、なぜ、そうするかという意味がわかってないから難しく感じるだけ。

その意味をこれから説明しよう。その前にちょっと補足を。説明では26日とか9日とか日足ベースで書いているが、一目均衡表は週足・月足など長い期間のものでも有効だし、分足・時間足など、短い足でも有効だ。だから正確には

- **転換線＝（過去9本間の最高値＋最安値）÷2**
- **基準線＝（過去26本間の最高値＋最安値）÷2**
- **遅行スパン＝当足の終値を26本前にずらして描く**
- **先行スパン1＝（転換線＋基準線）÷2を26本先にずらして描く**
- **先行スパン2＝（過去52本間の最高値＋最安値）÷2を26本先にずらして描く**

※「本」というのは、ローソク足の本数

と記すのが正しい。株式などでは週足が非常に有効だという人がいるし、FXではデイトレーダーが時間足や分足など短い足に一目均衡表を使って成功している。

短期トレードでも長期トレードでも有効ということですか？

そうだね。それから、日数計算だが、**一目均衡表では常に当日を入れた計算になっている。**26日ずらすとは、遅行スパンであれば25日前に描くこと、先行スパンであれば25日先に描くこと。本日が入っているから26日という表現になる。ここは

間違いやすく、海外の一目均衡表のチャートを見ると、この計算を間違っているものが多い。注意が必要だよ。

一目均衡表の秘密「半値線」

この計算式を覚えると一目均衡表の線の中に仲間があるということがわかる。

それは例えば、先行スパン1と2は26日将来にずらすという仲間。基準線と転換線はずらさないという仲間。遅行スパンは26日過去にずらすという1つだけ特殊な線でいいのでしょうか？

その通り！　ずらし方で3つに分けられる。過去にずらす、ずらさない、将来にずらすというわけだね。

- **26日後にずらす線→遅行スパン**
- **ずらさない線→転換線・基準線**
- **26日先にずらす線→先行スパン1・2**

それ以外の分け方はわかる？

えーと……それ以外？……足して2で割る線が多いとかでしょうか？

そう！　正解だ。過去○日の最高値と過去○日の最安値を足して2で割るという計算式を使うのが転換線と基準線と先行スパン2。この3つは仲間になる。

やった〜私冴えてますね♪

過去一定期間の最高値と最安値を足して2で割ったもの。つまり、過去一定期間の値動きの中心。これを半値、もしくは中《なか》値《ね》（仲値）などと呼ぶ（図26）。よって転換線・基準線・先行スパン2のことを半値《はんね》線とか仲値線と呼ぶ。

半値線ですね。覚えます。

先行スパン1も半値線である転換線と基準線の半値だから、特殊ながら半値線と呼べないことはない。ということで、先ほどのずらすずらさないという分類のほかに半値線かどうかの分

図26　基準線（半値線）の構造

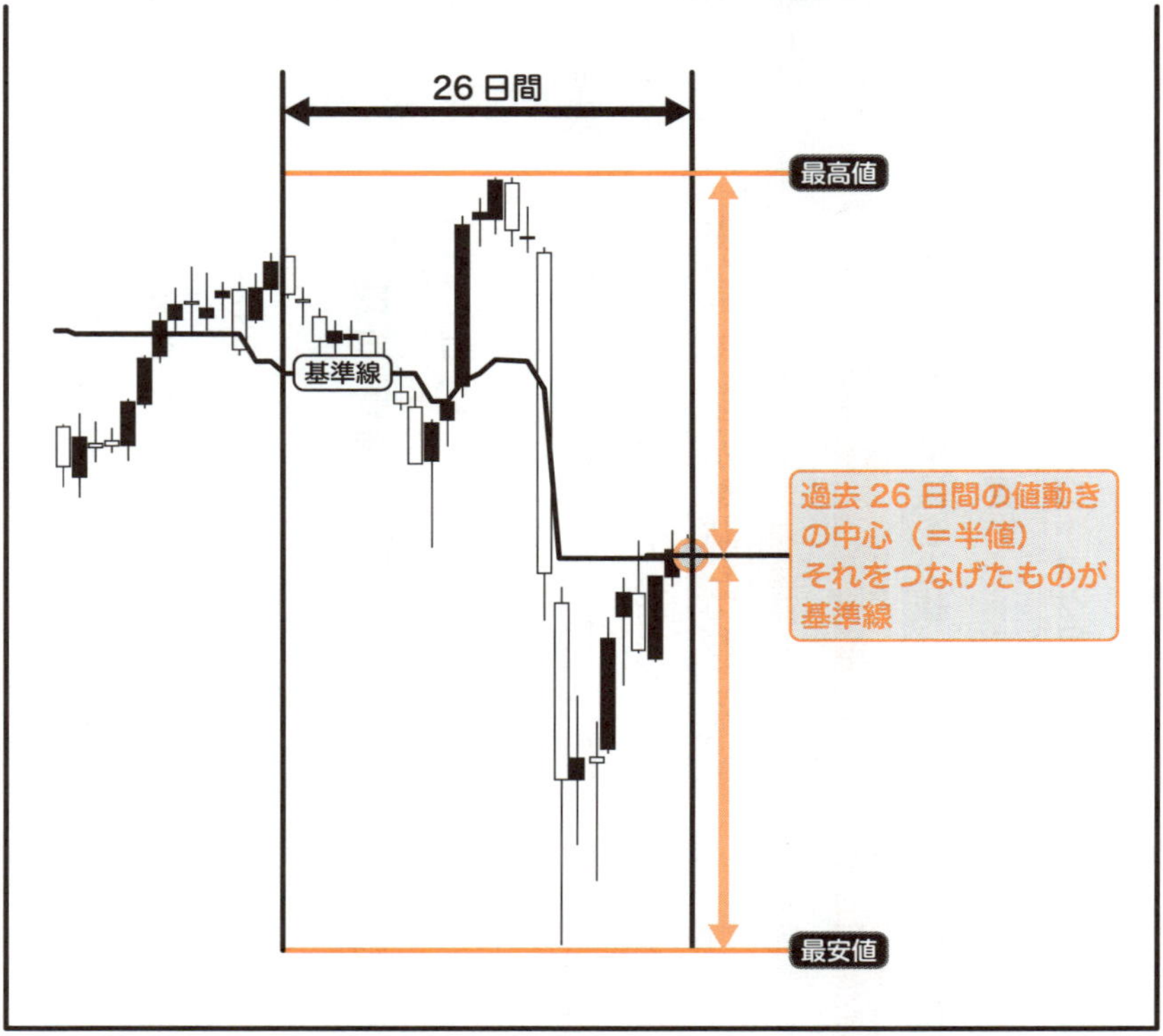

け方がある。

- **半値線→転換線・基準線・先行スパン2**
- **変則半値線→先行スパン1**
- **半値線でない→遅行スパン**

半値とは過去一定期間の中心となる価格。一目均衡表ではそれを**「相場水準」**といったりする。

転換線は過去9日間の相場水準を表し、基準線は過去26日間の相場水準を表し、先行スパン2は過去52日間の相場水準を表すというわけだ。そしてその相場水準が切り上がっている状態が上昇トレンド、切り下がっている状態が下降トレンドというわけだ。

なるほど、相場水準ですね。

理解してもらいたいのは「転換線は短期（9日）のトレンドを表す線。基準線は中期（26日）のトレンドを表す線。先行スパン2は長期（52日）のトレンドを表す線」ということだよ。

一目均衡表の買いシグナル・売りシグナル

買いシグナルと売りシグナルについて、本やWebで一目均衡表の売買シグナルがどのように書かれているかを話しておこう。

買いシグナル

- **転換線が基準線を上抜けたら（下から上へクロスすること）買い**
- **遅行スパンがローソク足を上抜けたら（下から上へクロスすること）買い**

- 価格が雲を上抜けたら（価格が雲の上限を突き破ること）買い

売りシグナル

- 転換線が基準線を下抜けたら（上から下へクロスすること）売り
- 遅行スパンがローソク足を下抜けたら（上から下へクロスすること）売り
- 価格が雲を下抜けたら（価格が雲の下限を突き破ること）売り

こういった説明は間違いではない。でも、これだけの理解では判断できないことも多いんだ。

例えば、買いシグナルが3つもあって出る時期が違うとなったとき、どこで買えばいいのか？という話になる。

三役好転ってなに？

次に、三役好転を説明しよう。

三役好転

- 転換線が基準線を上抜けることを「均衡表の好転」と呼ぶ
- 遅行スパンがローソク足を上抜けることを「遅行スパンの好転」と呼ぶ
- その後、価格が雲を上抜けたら、「三役好転」と呼ぶ

ここでの注意ポイントは、**価格が雲を上抜ける＝三役好転ではない**ということ。**均衡表が好転し、遅行スパンが好転して、その後価格が雲を上抜け**

たときを三役好転と呼ぶ。

通常は価格が上昇していくと、図27のように好転が現れる。価格が雲を上抜けたときは、均衡表も既に好転し遅行スパンも既に好転している。そのため価格の雲上抜け＝三役好転と誤解されやすい。でも実は、価格が雲を上抜けても均衡表が好転していないケース、遅行スパンが好転していないケースもあるので、単純に価格が雲を上抜けたら三役好転と思ってはいけないよ。

そうなんですか。つい間違えてしまいそうですね。

図27　三役好転の順序

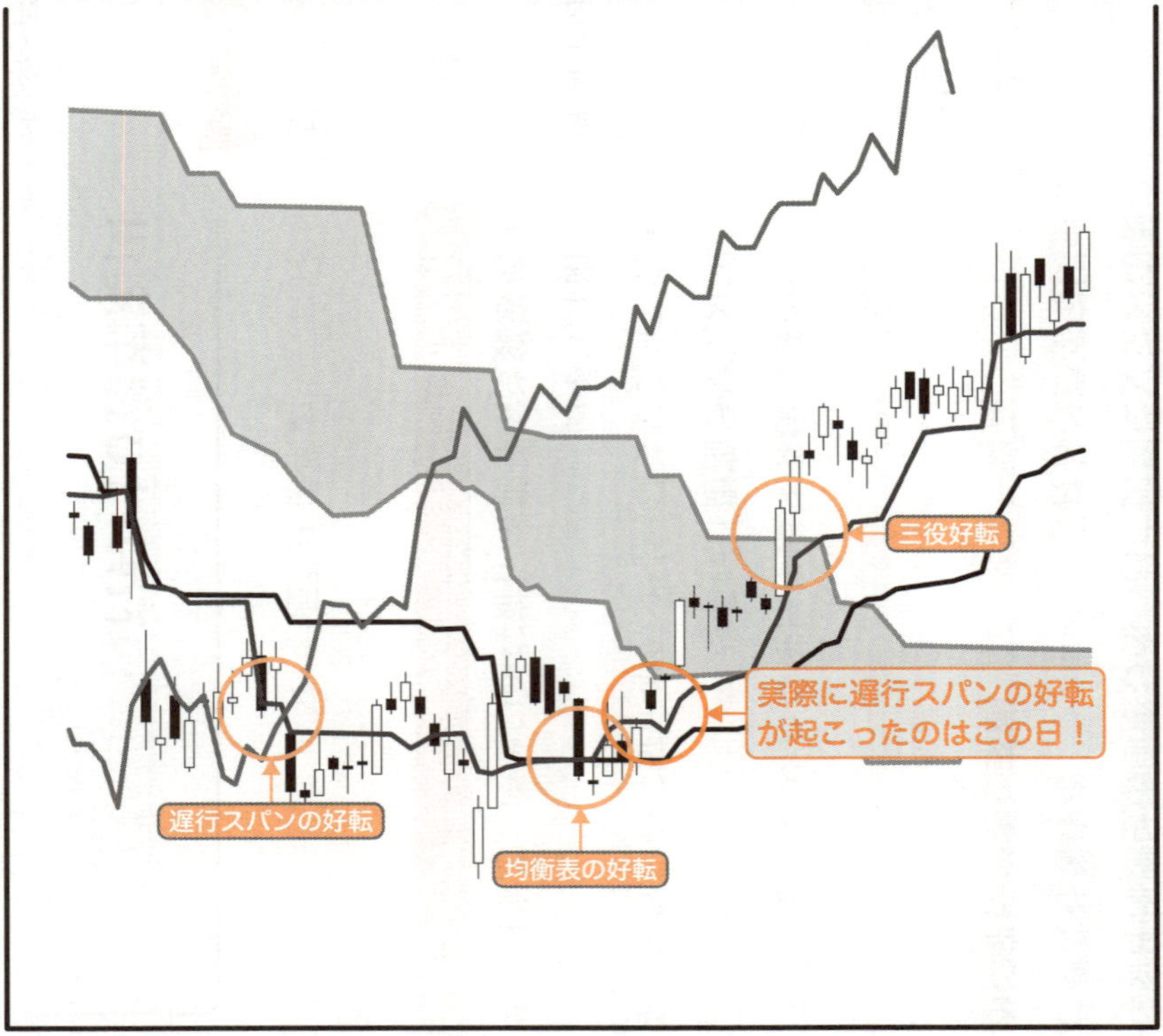

図27を見ると、遅行スパンの好転、均衡表の好転、三役好転という順に出現したように見えるけれど、ここで注意が必要。遅行スパンは現在の価格を26日前に描いたもの。ということは、チャート上で遅行スパンがローソク足を上抜けたとしたら、それはそのクロスした日から26日後に実際には起こっている。

なるほど。それは盲点ですね。

だから通常価格が底打ちして上昇に転ずると、

①均衡表の好転
②遅行スパンの好転
③三役好転

という順に起こる。もちろん、この順序は入れ替わることがあるのだが、基本はどういう順番かということを理解していることが大事。

そして、三役逆転はその逆だ。

三役逆転

- 転換線が基準線を下抜けることを「均衡表の逆転」と呼ぶ
- 遅行スパンがローソク足を下抜けることを「遅行スパンの逆転」と呼ぶ
- その後、価格が雲を下抜けたら、「三役逆転」と呼ぶ

もみあい期には別の見方がある

それからもう1つ大事な話があるよ。

なんですか？

これらは全て、トレンドがある相場での見方だ。現在相場がもみあい中であれば、今まで話した話は通用しない。

もみあい中はダメなんですね。

一目均衡表ではトレンドがあるときと、もみあい相場のときでは、使い方が違ってくる。

図28は米ドル／円の長期もみあい期を示したもの。一目均衡表の各線は横ばいとなり、それぞれが細かくクロスを繰り返し

図28　もみあい中の一目均衡表

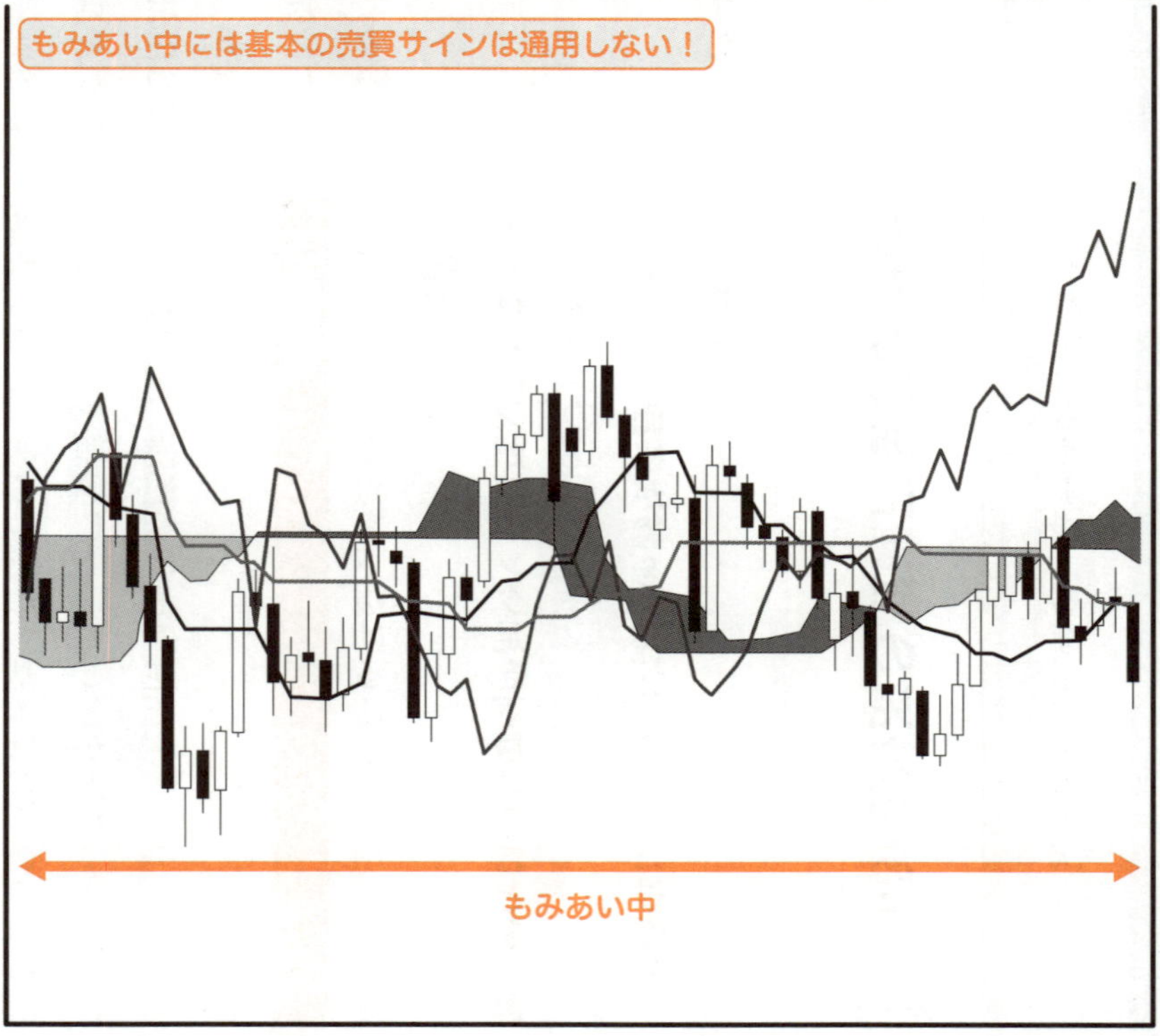

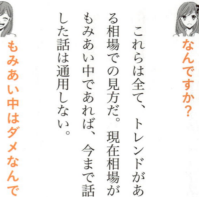

ている。こんなときに、均衡表が好転した、三役が逆転したといってもしょうがない。

確かにそうですね。細かすぎて見るのも大変です。

一目均衡表基本図

さて、一目均衡表の使い手になるためには下の一目均衡表基本図(図29)を頭に入れておこう。

一目均衡表基本図?

一目均衡表の各線の動きを把

図29　一目均衡表各線の基本的動き

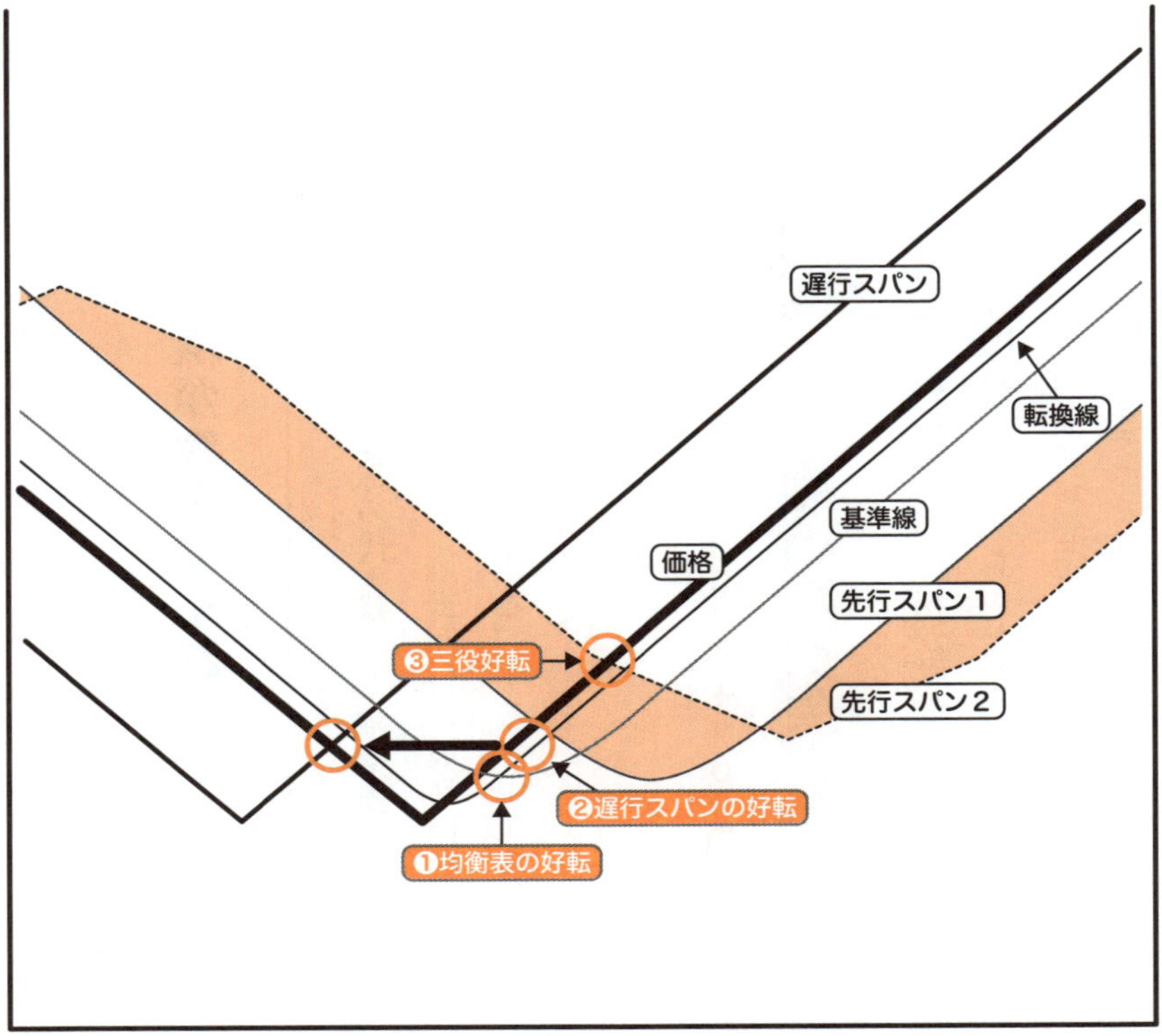

握するために、価格の動きをシンプルにしたものだ。太線が価格の動き。その基本的な値動きの中で一目均衡表の各線がどう動くか、三役好転（均衡表の好転、遅行スパンの好転、価格の雲抜け）がどのタイミングで起こるかを頭にインプットしておくことが、一目均衡表の理解を大きく前進させる。

なるほど、これはわかりやすいですね。

こういったシンプルな動きを自分で作成することは大いに意義がある。

例えば、価格が底打ちして上昇に変化したときに、均衡表の好転と遅行スパンの好転ではどちらが先に起こるのが普通か、などというのは通常のチャートをいくら眺めてもなかなかわからない。

こうやって作図するとすぐにわかりますね。

半値線が教えてくれること

まずは、半値線の代表選手「基準線」で説明する。

1つの例として、過去26日の最高値が300円、最安値が200円とする。すると現在の基準線の値は250円となる。

そうですね。（300円＋200円）÷2ですからね。

もし、仮に現在の価格が基準線の位置、つまり250円のところにあったとすると過去の動きはどういう値動きが想定されるだろう。

えーと……ざっくり分けると二種類考えられると思います。最安値（例では200円）から上昇した価格が最高値（300円）で天井を打ち、現在250円まで下落したケースと、最高値（300円）から下降した価格が最安値（200円）で底を打ち、現在250円まで上昇したケース。

そうだね。もっとも、細かい動きを想定すれば、パターンは山ほどあることになるが、大雑把にまとめれば、最安値から最高値まで上がって半値押ししているか、最高値から最安値まで下がって半値戻ししているかのどちらかだ。

あってましたね。よかったです。

では、1つずつ検証しよう。まず、最安値の方が先に出現したケース(図30)。26日という期間の中に、ある時期上昇トレンドがあったことがわかる。最安値（このケースでは200円）から、最高値（300円）に向けて上昇トレンドがあった。そして現在そこから値段が下がっている。

確かに最高値から現在の値段に向かって下がっているということになりますね。

そう。そして、上昇トレンドがあったということは、そこで買っている可能性がある。仮にその上昇トレンドで買いを持ったと想像してみてほしい。もちろん、現在もどんどん上昇しているならば何も心配することはない。

しかし、最高値を経て現在は下がっているとする。その場合、一時的な押し目なのか、それとも、もう上昇トレンドは終わってしまったのか？　それが一番知りたいところじゃないか？

知りたいです!!

その分岐点が半値である基準線の場所なのだ。

図31①をよく見てごらん。現在の値段は天井打って少し下がっている。このチャートを見て、今後は下がりそうかな上がりそうかな？

この程度の下げなら心配することはないですね。上がりそうな気がします。

図30　押し目と基調転換の分岐点

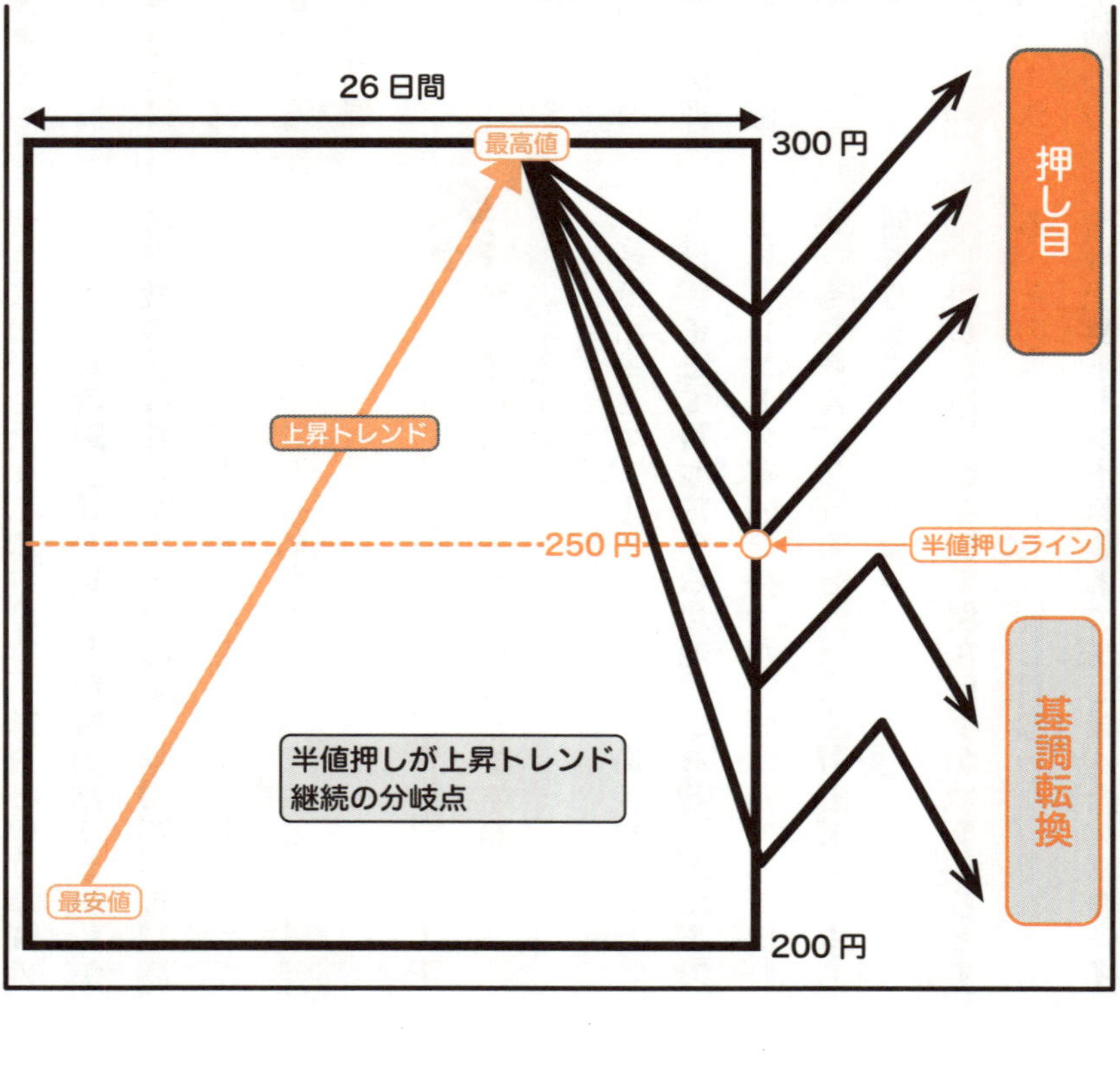

では、図31②はどうかな？

ここまで下がってくると、もう上がりそうな気がしないですね。このまま下がっちゃうんじゃないですか？

そうだね。ここまで下がると一時的な戻しがあっても、もう新高値《しんたかね》（値段が以前の高値を抜いた状態）までは上昇せず、やがて下げトレンドに変わっていくような気がするよね。

では**どこまでだったら押し目として機能するか、どこまで下がったら下げ相場に転換したと見なすか、その分岐点が半値ライン。**半値押しして、そこから反発して上昇するというのが前の上昇トレンドが継続するための最後の砦なんだ。

なるほど、基準線は中期トレンドが継続する

図31　価格の下がり方による判断

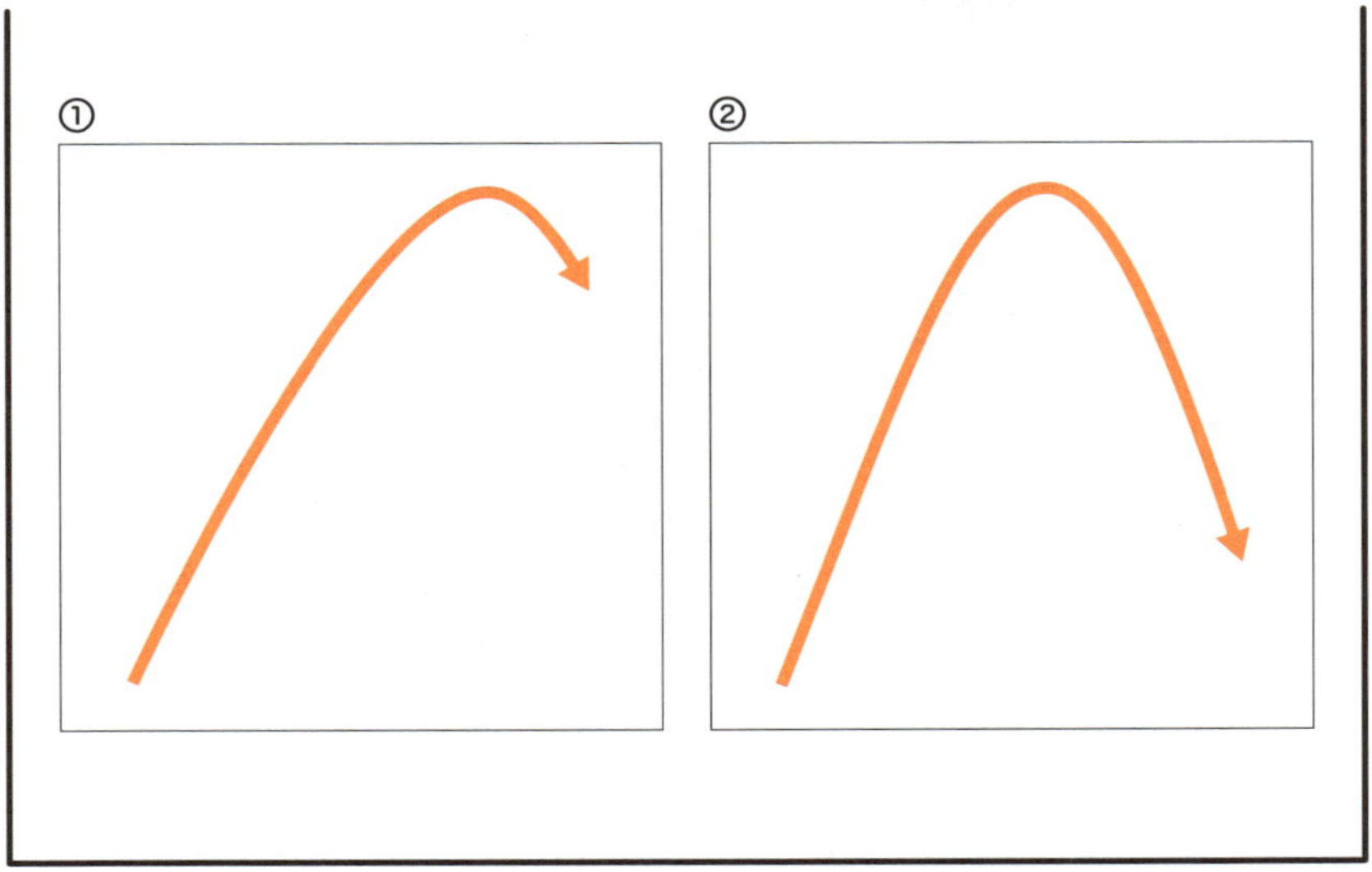

かどうかの分岐点を示しているんですね。

そういうこと。

最高値が先に出現したケースも同様だ(図32)。26日という期間の中にある時期下降トレンドがあったことがわかる。

最高値（このケースでは300円）から、最安値（200円）に向けて下降トレンドがあった。そして現在そこから値段が上がっている。一時的な戻し(「あや戻し」と呼ぶ）なのか、それとも、もう下降トレンドは終わってしまったのか？　その分岐点が、半値である基準線の場所な

図32　基準線を目安にトレンド転換を判別する

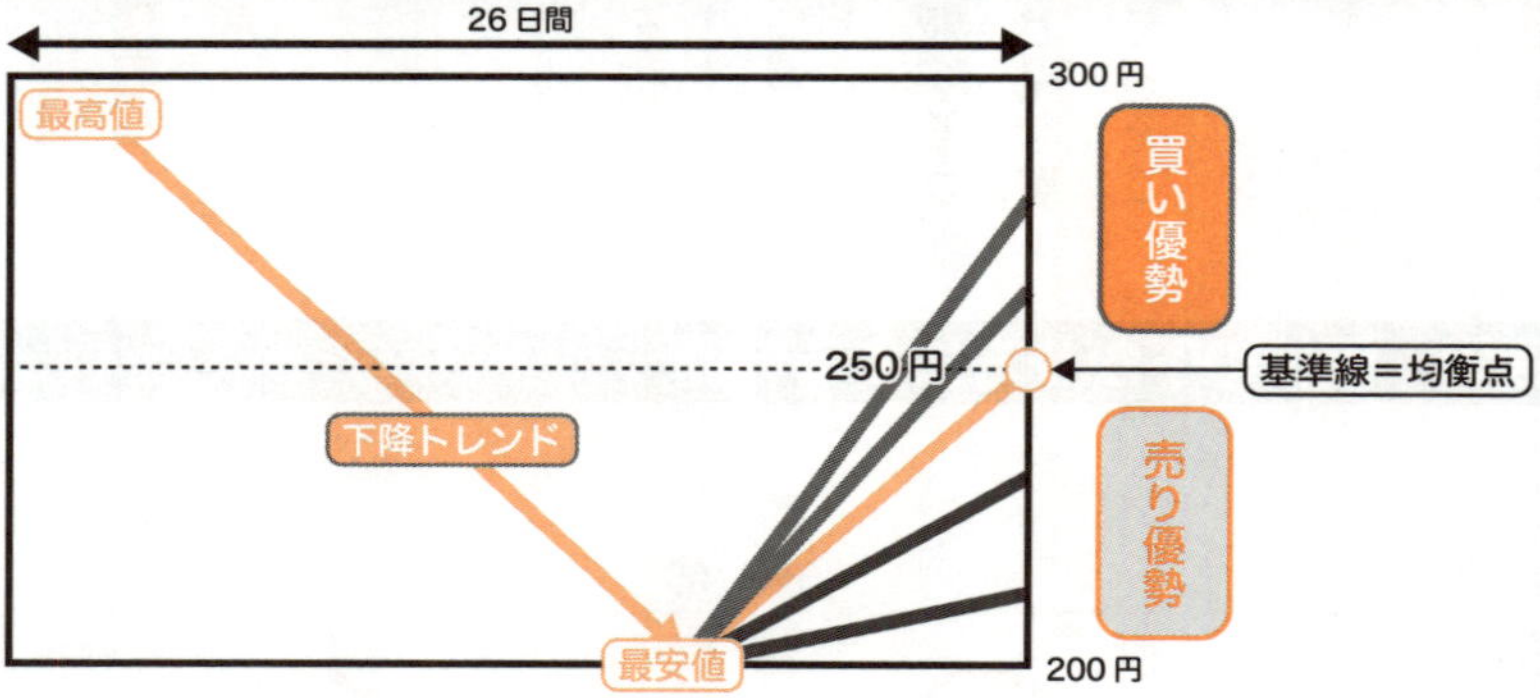

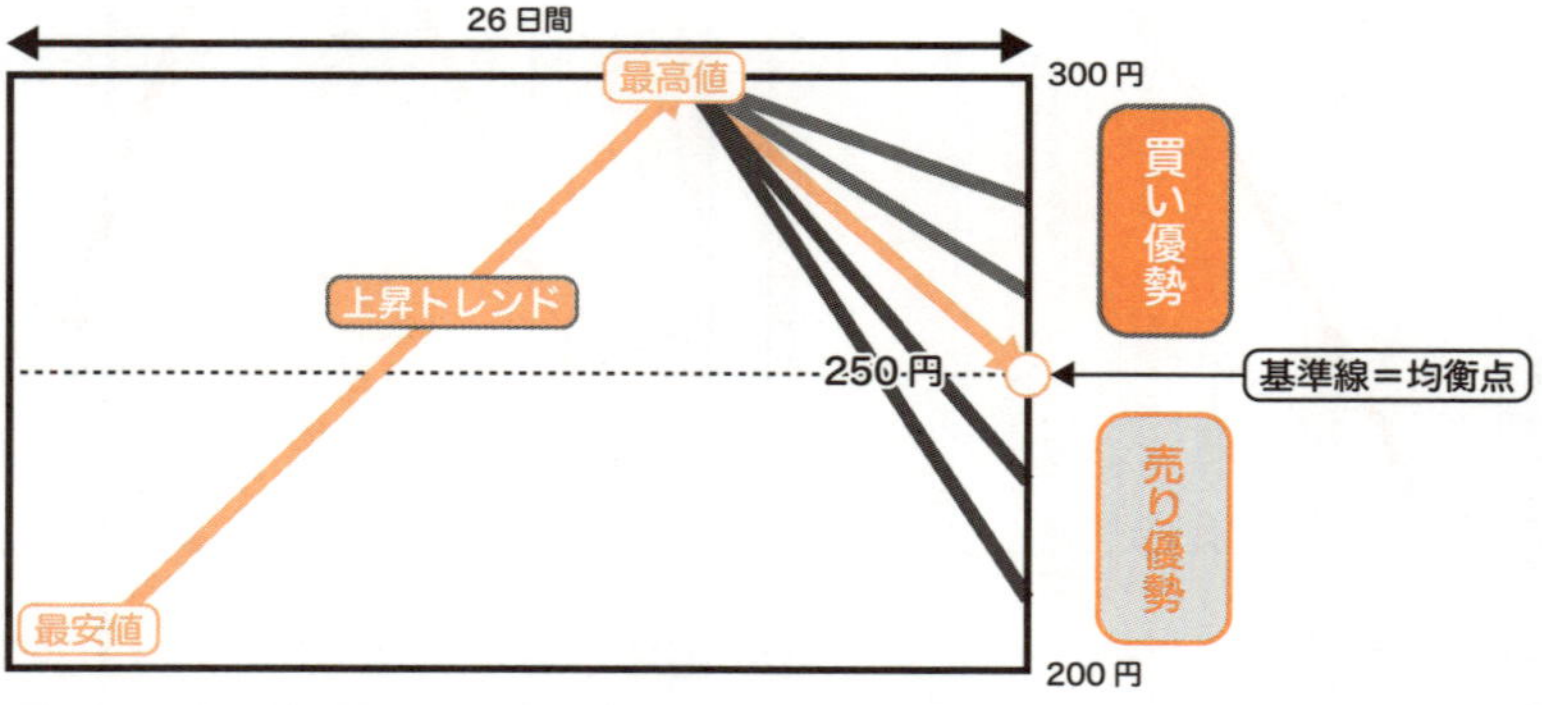

んだ。

なるほど、そういうことですね。

ひと目でわかる均衡点

現在の値段が半値ラインより下にあるとしたら、上がる可能性より下がる可能性の方が高い。現在の値段が半値ラインより上にあるとしたら、下がる可能性より上がる可能性の方が高い。

どちらにしろ半値線の位置が均衡点となる。それが「ひと目で均衡がわかる」ということ。基準線でいえば、基準線の位置が26日間の売買勢力の均衡点を示すという意味。

ひと目でわかる均衡

- **転換線が短期における売買勢力の均衡点を表す**
- **基準線が中期における売買勢力の均衡点を表す**
- **先行スパン2が長期における売買勢力の均衡点を表す**

半値線が均衡点を示しているので、それより上に価格があれば買い勢力が強い、それより下に価格があれば売り勢力が強いということになる。

短期の売買勢力

- **価格が転換線より上にあれば、短期は買い勢力の方が優勢であることを示す**
- **価格が転換線の位置にあれば、短期は買い勢力と売り勢力が均衡していることを示す**
- **価格が転換線より下にあれば、短期は売り勢力の方が優勢であることを示す**

中期の売買勢力

- 価格が基準線より上にあれば、中期は買い勢力の方が優勢であることを示す
- 価格が基準線の位置にあれば、中期は買い勢力と売り勢力が均衡していることを示す
- 価格が基準線より下にあれば、中期は売り勢力の方が優勢であることを示す

長期の売買勢力

- 価格が先行スパン2より上にあれば、長期は買い勢力の方が優勢であることを示す
- 価格が先行スパン2の位置にあれば、長期は買い勢力と売り勢力が均衡していることを示す
- 価格が先行スパン2より下にあれば、長期は売り勢力の方が優勢であることを示す

ただし、比較するのは現在の価格と26日先の先行スパン2。ここまでいいかな？

はい！　大丈夫です。

ということはこの三本の線と価格の関係を見ただけでいろんなことがわかる。

例えば、価格が転換線の下にあり、基準線の上にあり、(26日先の) 先行スパン2の下にあったとする。これで何がわかる？

えーと、短期は売り勢力の方が強い。中期は買い勢力の方が強い、長期は売り勢力の方が強いということですね。

そういうこと。こういうことはよくある。上昇トレンドなのか下降トレンドなのかというのは期間の設定で全然違ってくる。ここをきちんと認識

していくことがとても大切だ。

じゃあ、これから1つずつ5つの線の役割を勉強していこう！

三役好転

- 転換線が基準線を上抜けることを「均衡表の好転」と呼ぶ
- 遅行スパンがローソク足を上抜けることを「遅行スパンの好転」と呼ぶ
- その後、価格が雲を上抜けたら、「三役好転」と呼ぶ

一目均衡表の半値線

- 転換線→９日間の中心値（半値）をつないだ線
- 基準線→26日間の中心値（半値）をつないだ線
- 先行スパン２→52日間の中心値（半値）をつないだ線（ただし26日将来に描く）

第６章まとめ

５つの線の見分け方

- 転換線→価格の一番近くを価格と共に上下しながら動く線
- 基準線→転換線の外側を価格と共に上下しながら動く線
- 遅行スパン→１つだけ後ろ側にずれている仲間外れの線
- 先行スパン１→雲を作る線のうち、上下動が多い方の線
- 先行スパン２→雲を作る線のうち、横ばい状態が長い方の線

買いシグナル

- 転換線が基準線を上抜けたら（下から上へクロスすること）買い
- 遅行スパンがローソク足を上抜けたら（下から上へクロスすること）買い
- 価格が雲を上抜けたら（価格が雲の上限を突き破ること）買い

第7章

「一目均衡表」の5つの線の謎を解く

転換線を極める！

まずは計算式をマスターしよう。

計算式

・転換線＝（過去9日間の最高値＋最安値）÷2

※ただし、過去9日間とは本日を入れた9日間

さて、あやちゃん、この計算式から何がわかる？

えーと、転換線は過去9日間の値動きの中心値を出して、それをつないだ線だということ。

そういうこと。

計算式からわかること

・転換線は過去9日間の値動きの中心値を出し、それをつないだ線

一目均衡表は相場変動における中心部分（相場水準と呼ぶ）を常に把握し意識するというところから、さまざま応用発展している。それでは転換線は何を表す線かをまとめよう。

短期の相場水準をあらわし、短期トレンドの方向性を示し、短期トレンドの均衡点を示す。それが転換線。整理してみよう。

転換線の意味

・短期の相場水準、短期トレンドの方向、そして短期勢力の均衡点を表す

まず、転換線が短期（9日間）の価格変動の

中心を示すということは、前の説明でよくわかりました。転換線が短期の中心値をつないだ線だとすると、転換線の向きがまさに短期トレンドの方向性を示すこともよくわかります。

前に教えてもらったように、価格がもし転換線の位置にあるとしたら、それは短期の買い勢力と売り勢力の均衡がとれていることを示します。つまり転換線こそが短期の買い勢力と売り勢力の均衡点を示す線ということですね。

そうだね。つまり転換線と価格の位置関係をみただけで次のことがわかる。

転換線と価格の関係からわかること

- 価格が転換線より上にあれば、短期勢力は買いの方が優勢
- 価格が転換線の位置にあれば、短期勢力は売りと買いが均衡している
- 価格が転換線より下にあれば、短期勢力は売りの方が優勢

押し目・戻しの限界ポイント

さて、ここで重要な話をしよう。一目均衡表の各線は2つの意味を持つ。2つの意味とは「トレンドがあるときは、押し目・戻しの限界ポイントを示す。もみあいのときはもみあいの中心を示す」ということ。限界ポイントについては、後ほど詳しく説明しよう。

一目均衡表の各線が持つ重要な意味

- トレンドがあるときは押し目・戻しの限界ポイントを示す

・もみあいのときはもみあい相場の中心を示す

これはとてもとても大事。ただ、一目均衡表の各線といったが、この特徴は半値線により現れるもの。よって遅行スパンは別物。転換線・基準線・先行スパン１・２はトレンドがあるときは押し目・戻しの限界ポイントを示し、もみあいのときはもみあい相場の中心を示す。

もみあいのときにもみあい相場の中心を示すというのはよくわかります。図33ですね。このもみあいの中心と書いてある線が、実は一目均衡表のそれぞれの線になるというわけですね。

そういうこと。

図33　半値線ともみあい相場

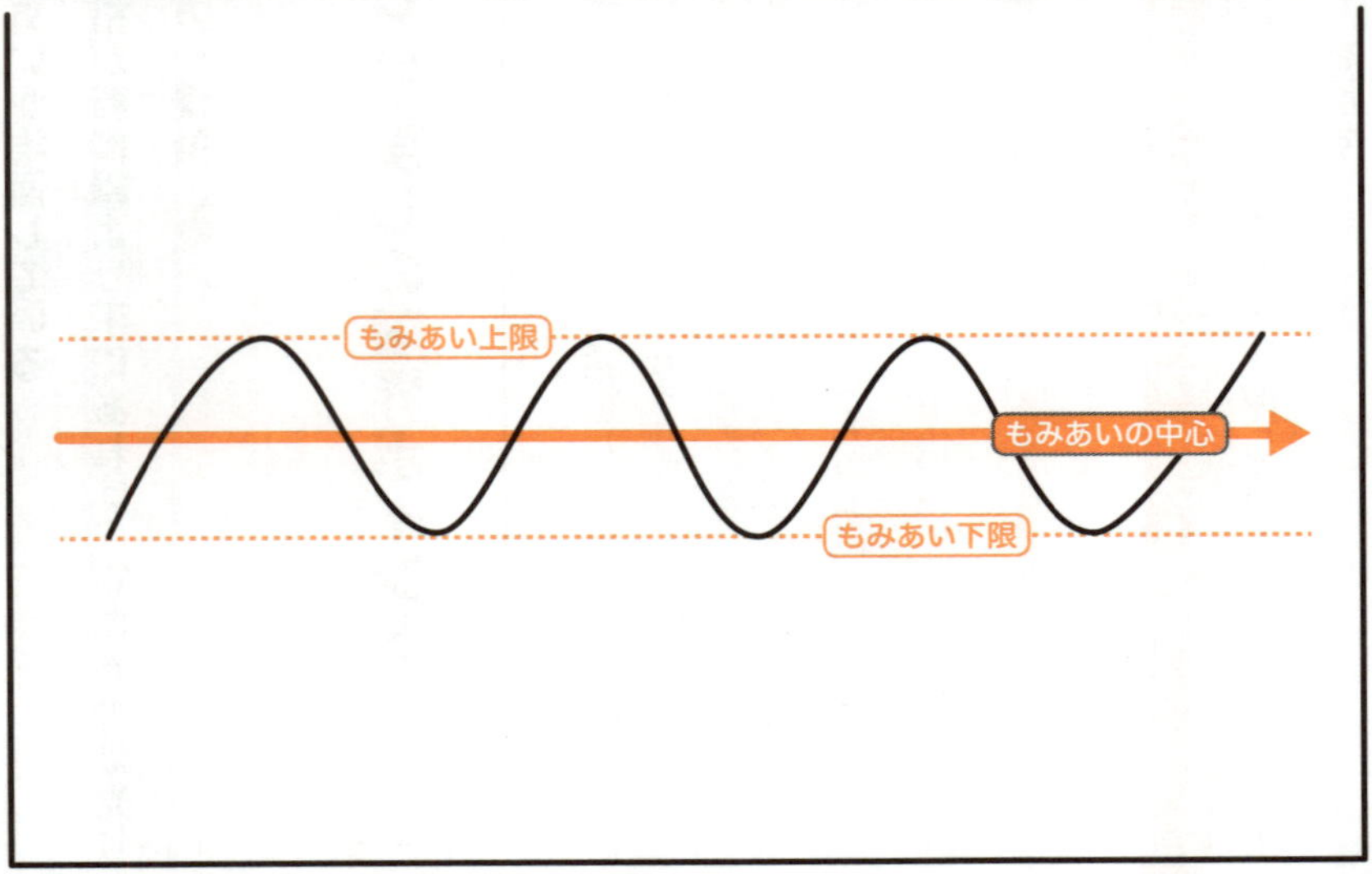

押し目には４種類あった

図34を見てほしい。米ドル／円が押し目もなく上昇していた時期のチャートだ。上昇トレンドが続くと、価格と４本の線の位置関係はこのようになる。まず、価格のすぐ下に転換線が来る。価格は転換線に下支えられて上昇しているのがよくわかる。

そして基準線、先行スパン1、先行スパン2がおよそこの間隔で並んで来る。

図34　安定上昇時の４本の線の動き

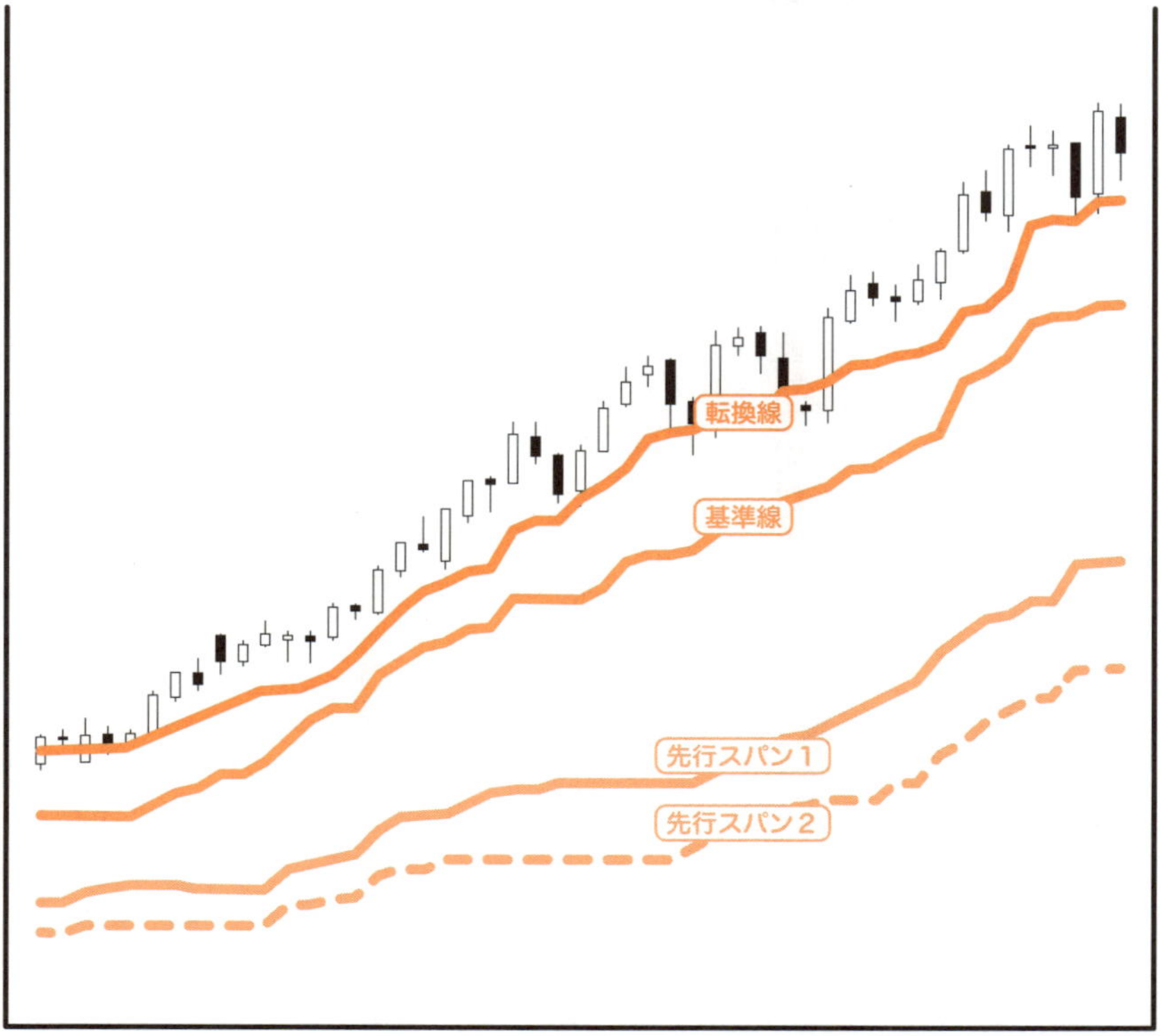

先行スパン1と2の間が雲ですね。

そういうこと。これが**長期安定上昇時の一目均衡表の線の並び方。**こういった基本パターンをしっかりと頭に入れておこう。

押し目・戻しの限界ポイントとは、どういった意味ですか？　もう少し詳しく教えてください。

そうだったね。上昇相場が押し目を迎えたとき、押し目の底がどこまで下がって、どこから上げに転じるのか、その底の目安が一目均衡表の4つの線（遅行スパンを除いた線）になりやすいという意味だ。

そうなんですね。

そして、この4つの線が、価格が押し目となったときのサポートラインとなる。今度はこちらの図35を見てごらん。先ほどのチャートをシンプルに表したものだ。

なるほど。こういった並び順や間隔を覚えることが大切なんですね。

安定上昇からやがて押し目を迎える。その押し目のパターンが4種類あるんだよ。

4種類ですか？

まずは非常に上昇力が強い相場のとき、価格が転換線まで下がったらすぐに買われて再上昇する。①の状況だ。このとき価格は転換線に支えられながら力強く上昇していく。

①非常に強い上昇相場

上昇トレンドが非常に力強く非常に安定しているときは、転換線のところを押し目の限界（＝サポートライン）として価格が上昇していく

このケースは「一時的な下げ」といってもまだ押し目と呼べるほどのものでもない。

「押し目もつけずに上昇している」というのがこのパターンですね。

そうだ。先ほどの米ドル／円のチャート見てもらうとまさに①のケースだったことがよくわかる。

本当ですね。

そして②のケースは基準線まで押すケース。こ

図35　上昇トレンドの押し目の限界

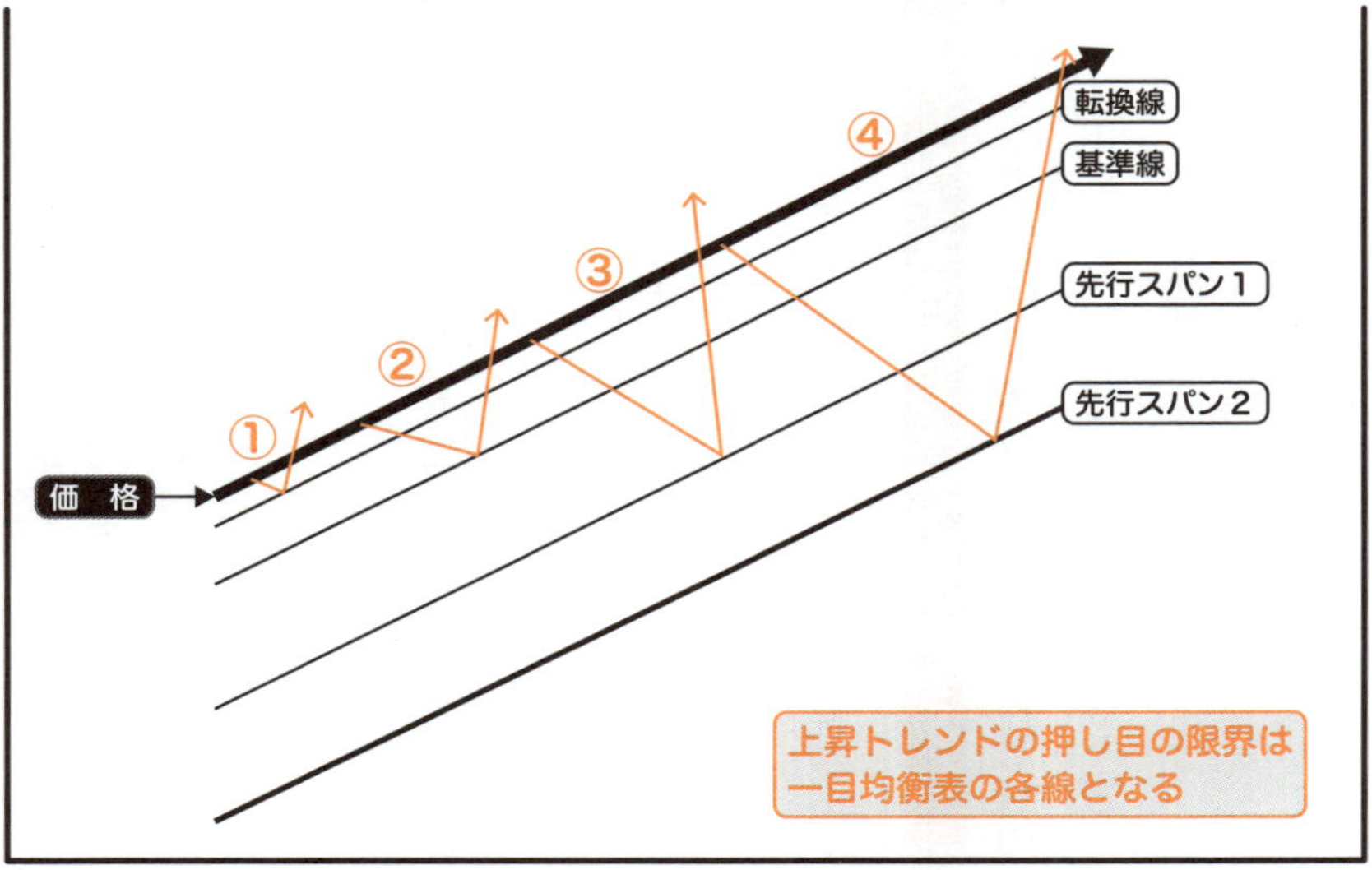

れも安心して見ていられる上昇相場だ。

②強い上昇相場

上昇トレンドが強いときは、押し目が入ったとしても基準線のところを押し目の限界として上昇する。逆にいえば、押しても基準線までという上昇トレンドはまだまだ安定上昇のトレンド

基準線のところで跳ね返されるという押し目が、押し目の代表パターンなんですね。

そのとおり。続いて③は先行スパン1まで押すケース。これはやや不安も出てきたがまだまだ大丈夫という状態。上昇トレンドの中での深い押しがこれにあたる。

③（不安は出てきたが、まだまだ）上昇相場

上昇トレンドの押しが、先行スパン1を押し目の限界として上昇した場合は、まだ上昇トレンドが継続していると見る

ただし、不安定な動きも出てきたことで、注意は必要になるよ。

そして最後に来るのが④のケース、先行スパン2まで押すパターンだ。これはぎりぎりの上昇相場だ。

④ぎりぎりの上昇相場

上昇トレンドの押しが先行スパン2を押し目の限界として上昇した場合は、上昇相場がぎりぎり維持されたという状態

一歩間違えれば終了するかもしれなかった上昇

相場がかろうじて維持されたという状態だね。

次の図36は先ほどの米ドル／円日足の続き。見てごらん。長期安定上昇の見本のような上昇をしていた米ドル円が、やがて基準線まで押し（図36②）、先行スパン1まで押し（図36③）、現在先行スパン2まで押している（図36④）ところだとわかる。

安定した上昇トレンドの力が次第に弱まっていっているのがよくわかる。

転換線に支えられて上昇していた相場がやがて基準線まで押すようになり、次に

図36　米ドル／円日足チャート

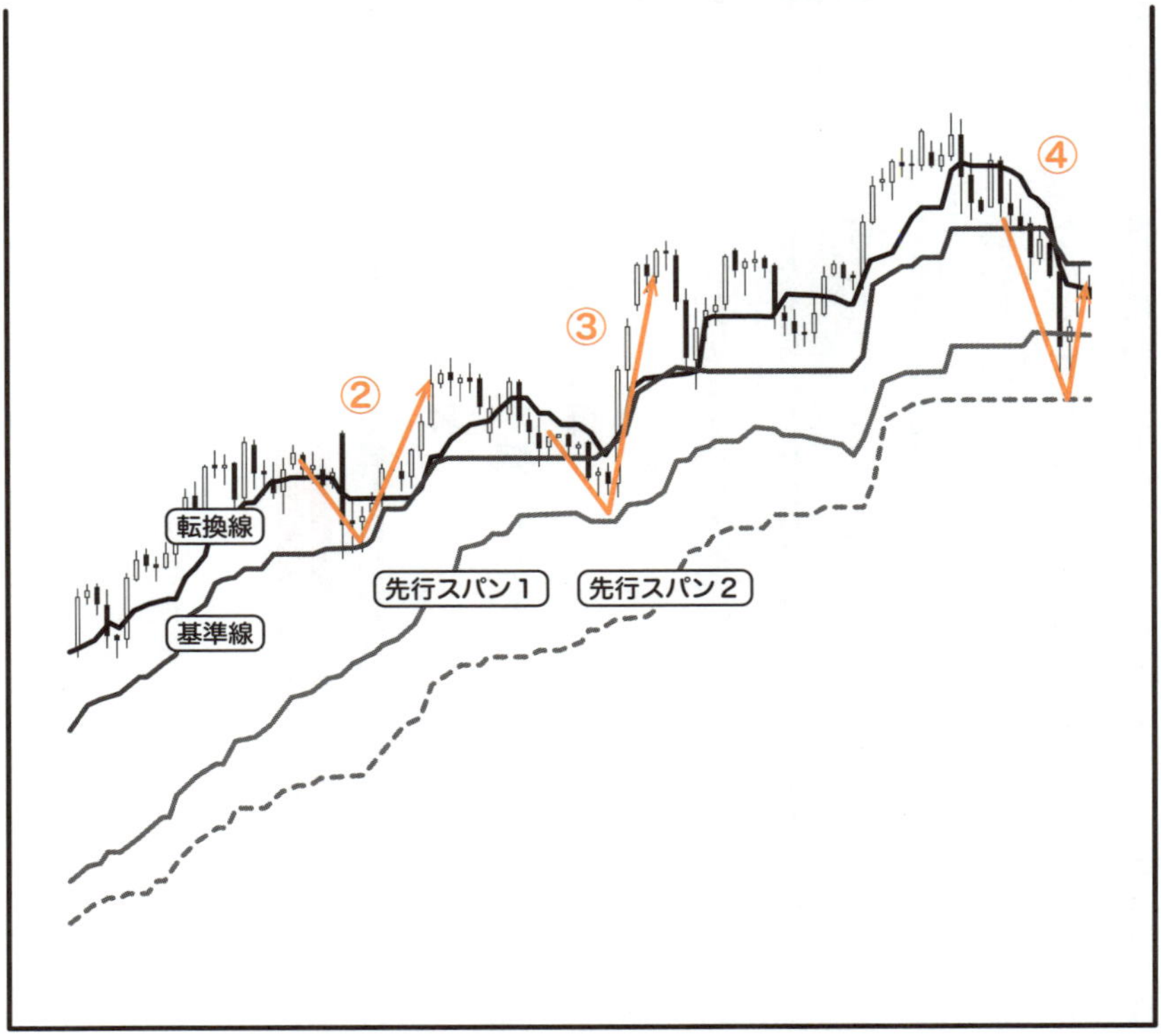

先行スパンーまで、最後に先行スパン2まで押した。最後の砦で踏ん張ったけれど、以前ほどの力はもうないかもしれないってことですね。

下降トレンドではその逆。説明は省略するけれど、4つの線が戻しの限界を示しているよ。

転換線のポイント

ではまとめとして、転換線の一番大切な話をしよう。

はい！　お願いします！

転換線は最も安定したトレンドを探すための大きなサインをくれる。安定した上昇トレンドは価格が常に転換線の上側にあり転換線に沿って上昇する(図37)。安定した下降トレンドは価格が常に転換線の下側にあり転換線に沿って下降する。

安定したトレンドの発見

- **安定した上昇トレンドは価格が転換線の上側に沿って上昇**
- **安定した下降トレンドは価格が転換線の下側に沿って下降**

つまりこういう状態を発見すれば、非常に安定したトレンドを発見できる。トレードで利益が上げられるのはこういう状態が一番である。

価格が転換線から大きく離れて上昇するのは価格が勢いづいたことを示す。大きなトレンドにつながることがあるが、一番安定している上昇は転換線に沿って上昇する上昇トレンド。あまりに離れてしまうと、押しが入りやすいので注意が必要だ。

基準線を極める！

ここからはいよいよ「基準線」の話。一目均衡表５本の線のうちでも非常に大事な線だ。

相場を見る上での基準となる線であり、一目均衡表の５本の線の中でも基準となる線。

基準線と転換線が見分けにくいです。復習しておかなきゃ……。

価格と一緒に動く線でより価

図37 安定上昇トレンドと転換線

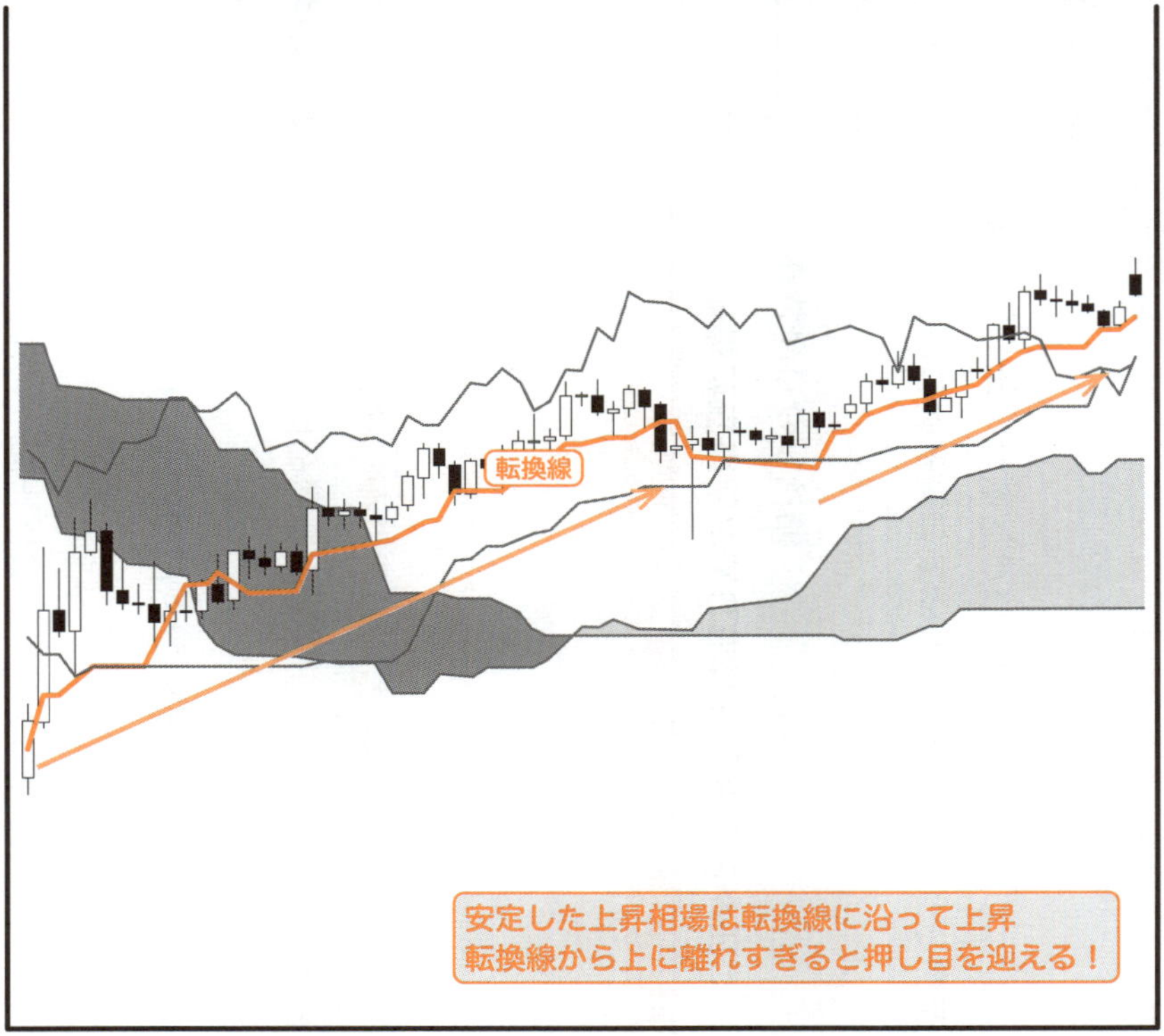

転換線
安定した上昇相場は転換線に沿って上昇
転換線から上に離れすぎると押し目を迎える！

格に近いのが転換線、ちょっと離れているのが基準線でしたね？

そういうこと。そして、**転換線は動きが激しく、それにくらべてゆるやかに上がったり下がったりするのが基準線。**ついでにいえば上昇トレンドでは転換線が基準線の上にあり、下降トレンドでは基準線が転換線の上にある。

計算式からわかること

まずは計算式をマスターしよう。ここからしばらくは転換線と同じだから理解しやすいだろう。

計算式

- **基準線＝（過去26日間の最高値＋最安値）÷2**

※ただし、過去26日間とは本日を含む

さて、あやちゃん、この計算式から何がわかる？

はい。基準線は過去26日間の値動きの中心値を出して、それをつないだ線ということです。

そういうこと。

計算式からわかること

- **基準線は過去26日間の値動きの中心値を出し、それをつないだ線**

それでは基準線は何を表す線か？　前回の転換線を思い出して答えてごらん。

えーと……。まず、中期の相場水準、中期の

トレンドの方向性、中期トレンドの均衡点(図38)でしたっけ？

正解だ！

基準線の意味

・中期の相場水準、中期トレンドの方向、そして中期勢力の均衡点を表す

基準線と価格からわかること

・価格が基準線より上にあれば、中期勢力は買いの方が優勢
・価格が基準線の位置にあれば、中期勢力は売りと買いが均衡している
・価格が基準線より下にあれば、

図38　基準線の傾きとトレンド

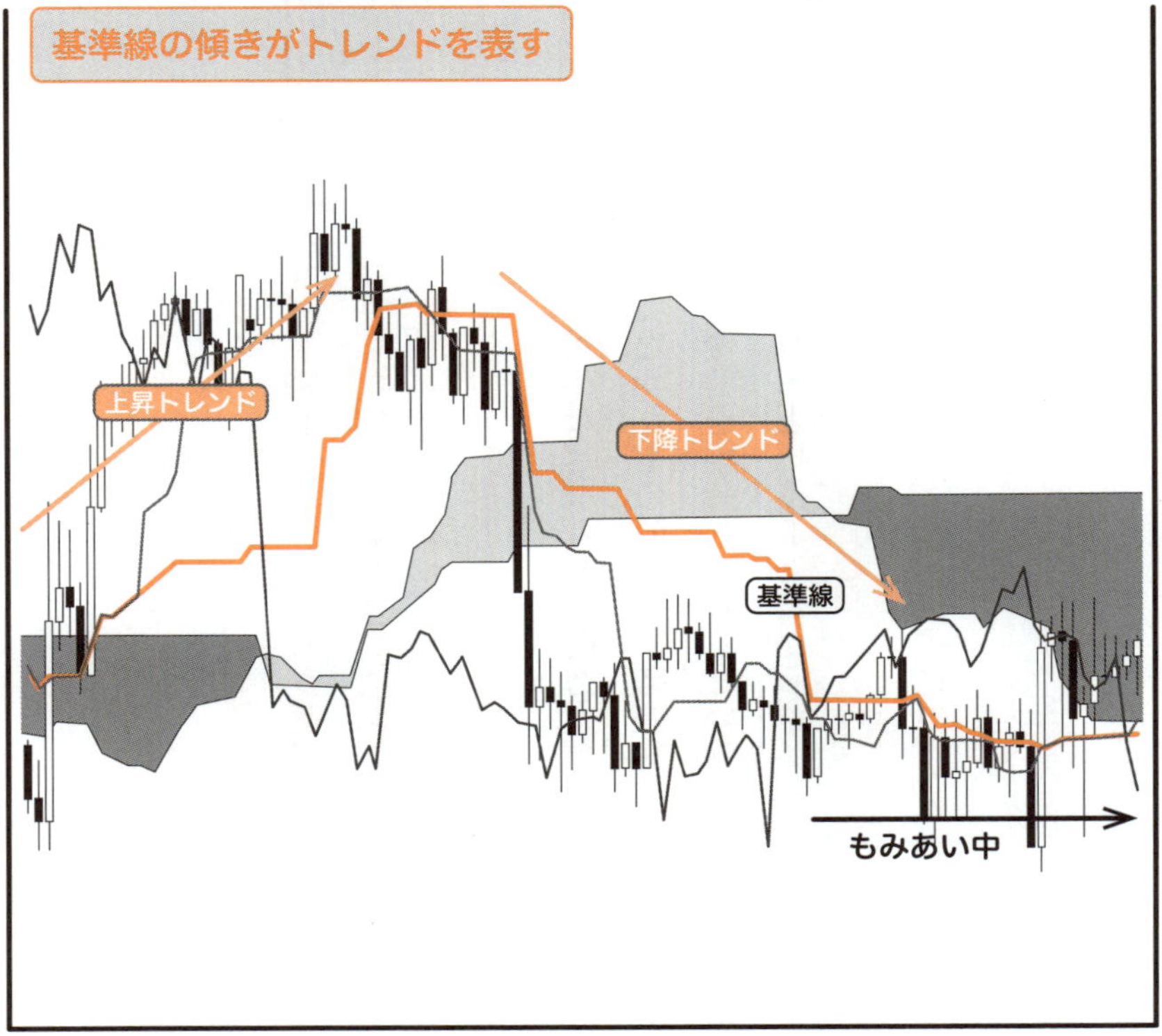

基準線は標準的な押し目ポイント

さて、復習だよ。一目均衡表の各線はトレンドがあるときは押し目・戻しの限界ポイントを示す。各線とは遅行スパンを除いた4本の線のこと。

もみあいのときは、もみあい相場の中心を示す。覚えているね？

はい。

まずは、押し目・戻しの限界ポイントを図39で示そう。価格が押し目や戻しを迎えたとき、トレンドが強いときは転換線で跳ね返されるが、そこを突破すると次の壁となるラインは基準線になっていることがよくわかる。

こうやって図で見るとよくわかりますね。上昇トレンドの押し目が基準線で跳ね返されたり、下降トレンドの戻しが基準線で頭を押えられたりした場合は、まだまだ安定上昇トレンド、安定下降トレンドと思っていいわけですね。

そうだ。なぜなら、短期勢力が一時的に売り方優勢になったものの、中期勢力も長期勢力もまだ買い方優勢を維持しているというのが基準線で跳ね返されるということだからね。

まだまだ心配するのは早いという状態ですね。

もみあい相場の中心を示す

続いて、もみあい相場の例を示す。「もみあい相場ではもみあいの中心を示す」ということが図40でよくわかる。

赤い太い線が基準線なんですね？ もみあい期にはもみあいの中心を示してるのがよくわかります。

一目均衡表を見るときにはまず、基準線の傾きを見る。すると現状が上昇トレンドか下降ト

図39 基準線と押し目・戻しの限界ポイント

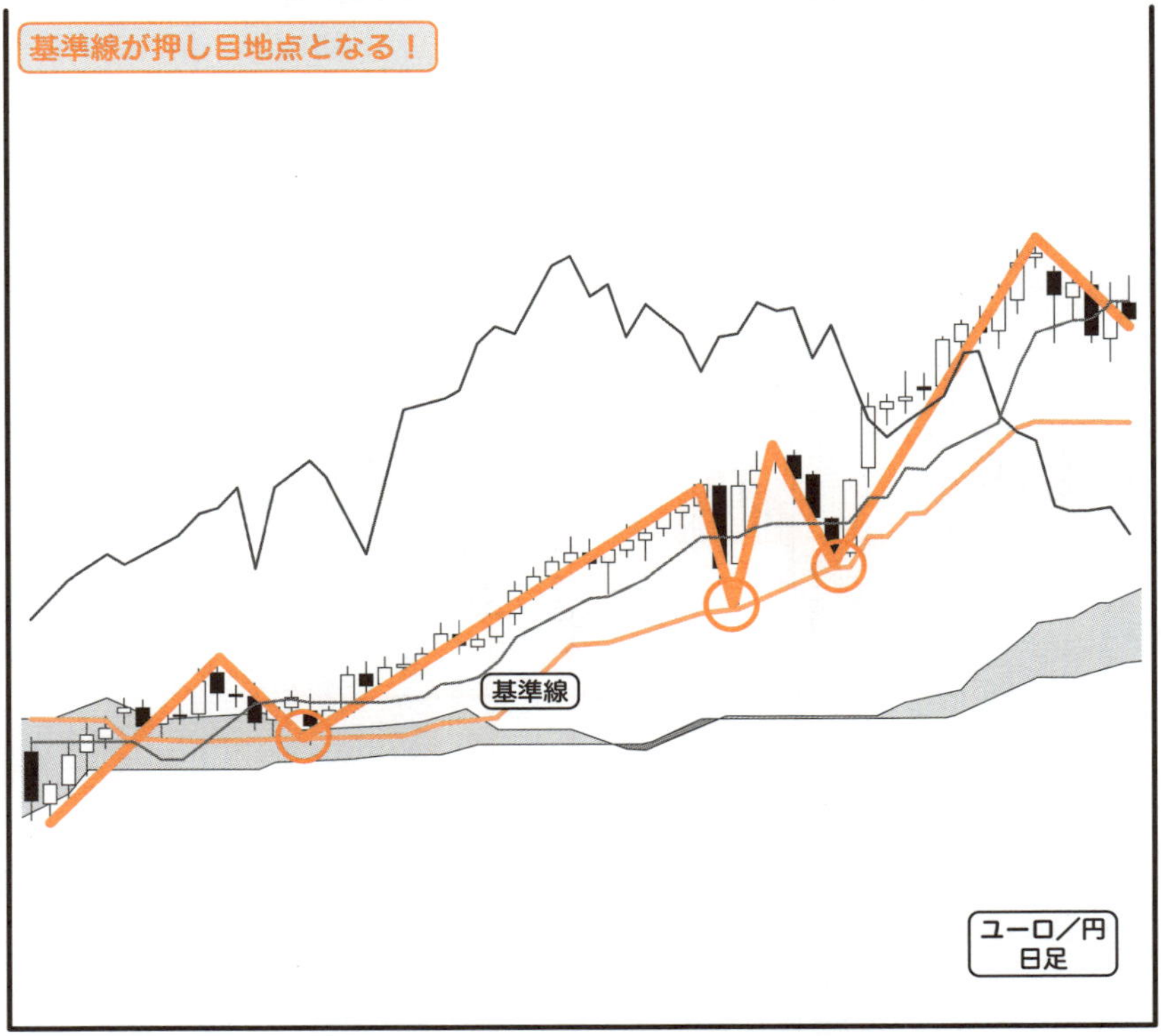

レンドか、それとももみあいかがわかる。上昇トレンドか下降トレンドなら一目均衡表の各線は押し目・戻しの限界ラインとして働く。

もみあい相場ならもみあいの中心を表すと思えばいいのですね。

そういうこと。

半値線と移動平均線の違いとは？

講師、ちょっと質問しても

図40　もみあい相場時の基準線

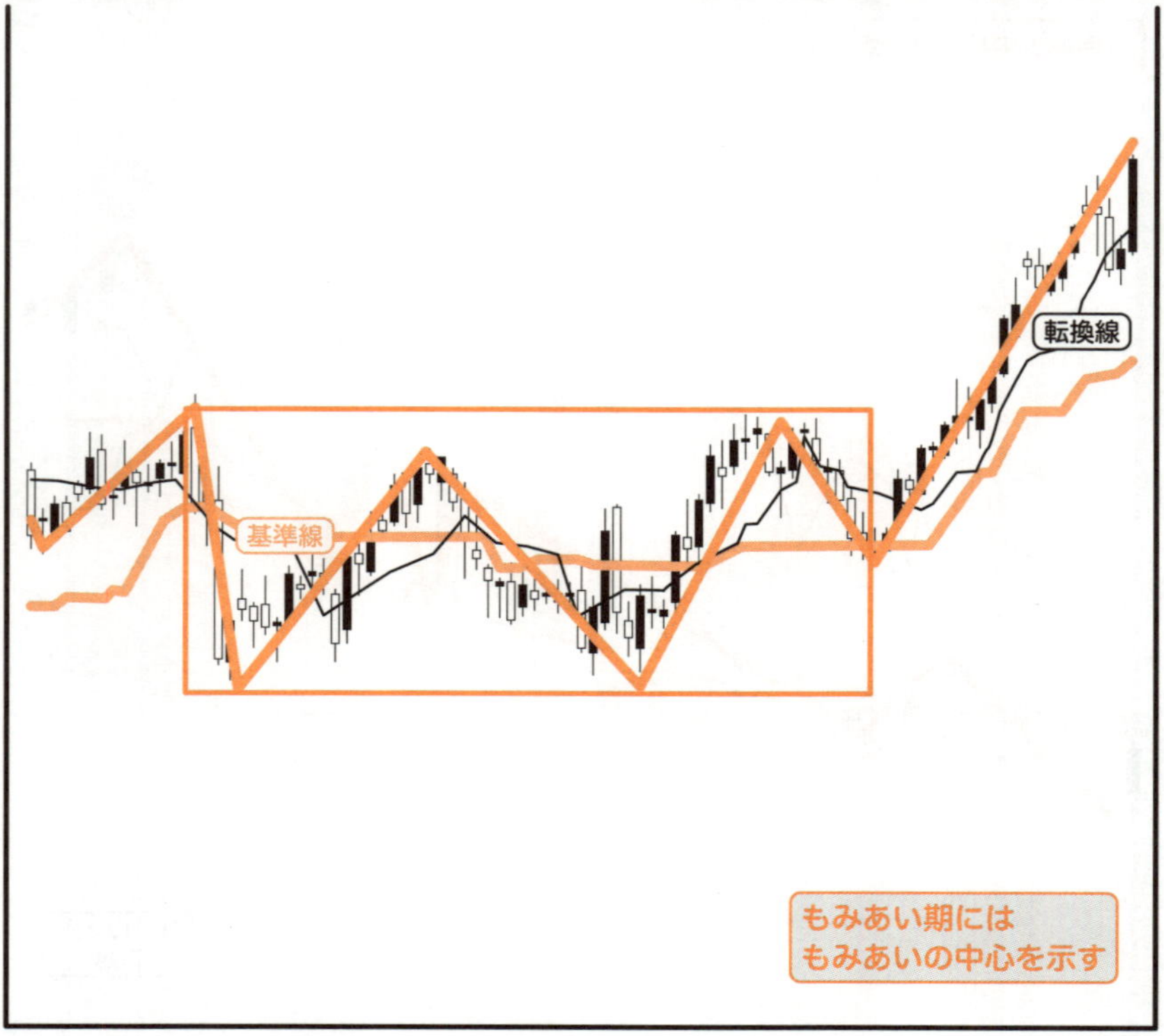

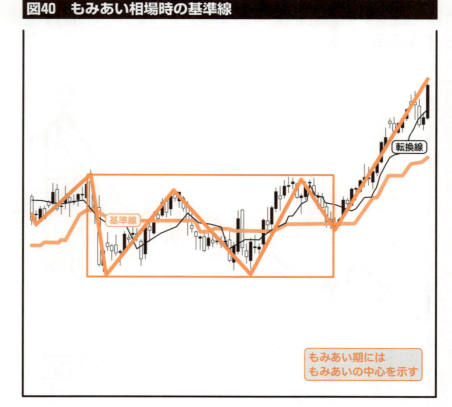

いいですか？

なにかね？

一目均衡表の各線と移動平均線が私の頭の中でこんがらがってしまうのですが、どう違うんでしょうか？

いい質問だ。よく混同する人がいるんだよ。

例えば、転換線と基準線の代わりに9日移動平均線と26日移動平均線の場合でも、

9日移動平均線と26日移動平均線の特徴

・価格と一緒に価格の近くを動くのが9日移動平均線。価格と一緒に動くが9日移動よりもう少し離れたところで動くのが26日移動平均線

・価格の動きに合わせて動きの変化が多いのが9日移動平均線。9日移動に比べるとゆるやかなのが26日移動平均線

・上昇トレンドでは上にあるのが9日移動平均線、下降トレンドでは上にあるのが26日移動平均線

と、ほぼ転換線・基準線と同じ特徴を示します（図41）。

いいところに気がついたね。確かに移動平均線と半値線は似ていることは事実だよ。でも、根本的なところが違うのでそこをしっかりと理解してほしい。

2つの計算式を比較してみよう。例えば基準線と26日移動平均線を比べてみる。

・基準線＝（H26＋L26）÷2

・26日移動平均線＝（P1＋P2＋P3＋P4＋……P24＋P25＋P26）÷26

※H26は26日間の最高値、L26は26日間の最安値

※P1＋P2……＋P26は26日間の終値

こうやって式を見てみると違いがよくわかる。移動平均線は過去26日間の平均値段を算出している。目的はその間に買った人売った人の平均的買値・売値を算出し、現在の価格と比較するためだ。

そうですね。

図41　9日移動平均線と26日移動平均線

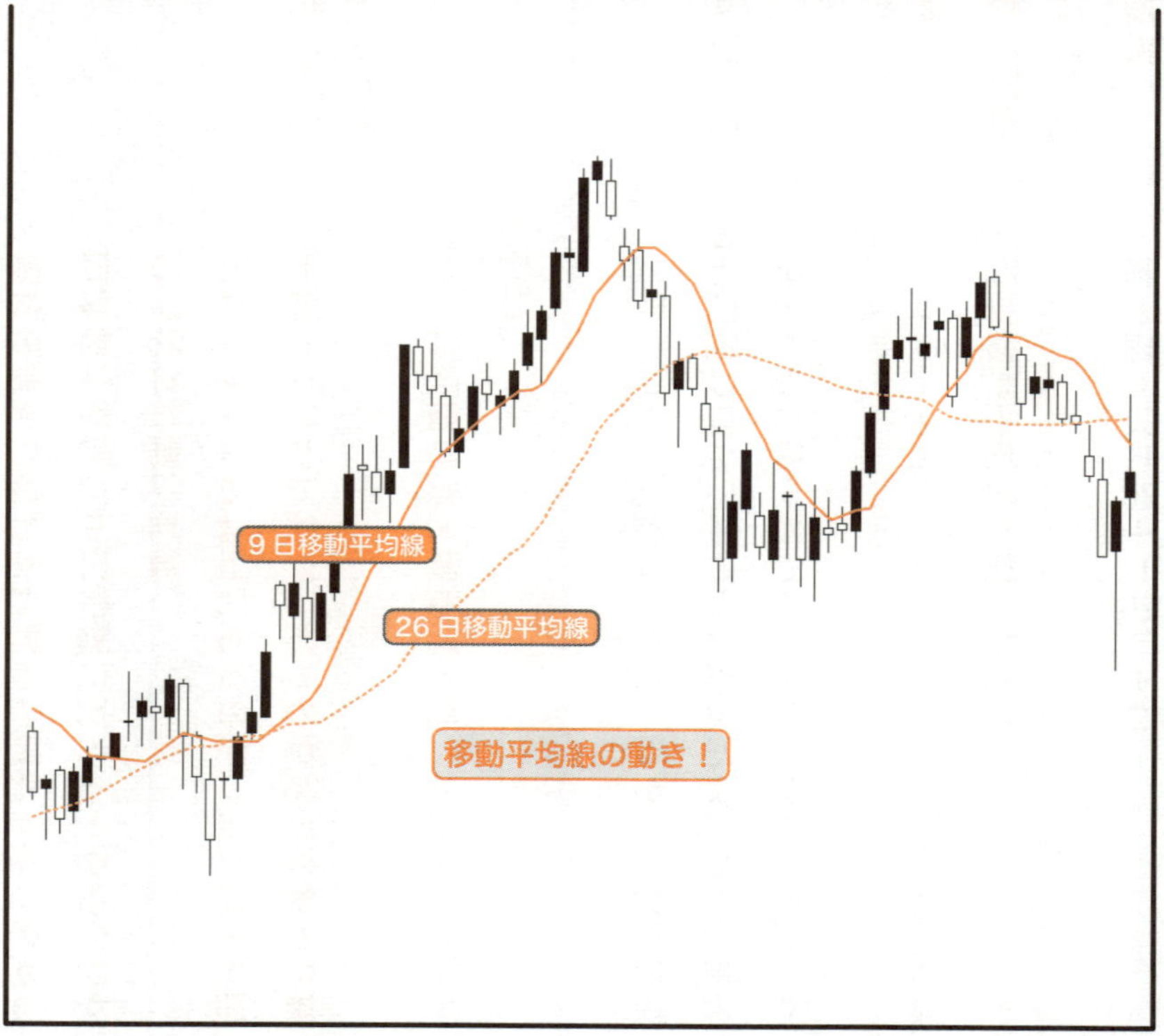

平均的買値・売値を把握すると、どの価格帯で利益確定の注文が出てきやすいとか、この価格帯でロスカットの注文が出てくるとかがわかる。それに対し、一目均衡表の半値線が見ているのは最高値と最安値のみ。そこからその期間内の値動きの中心を導き出すというのがこの式。その値動きの中心が半値戻し、半値押しの位置を示す。

よくわかります。

ということで、２つの線を比べて見たらどちらが移動平均線でどちらが基準線かはすぐわかる（図42）。明確な違いがある。

似てますねえ。しいて違いをあげると……基準線の方が横ばいしている期間が長い。

よく気がついたね。そこがポイントだ。移動平均線の場合は毎日新しいデータと入れ替えて計算し直すので、昨日と同じ結果ということの方が珍しい。**毎日上がったり下がったりするのが移動平均線。半値線である基準線は横ばい状態がしばしばある。**ここはとても大事だよ。

例えば、価格が少々上がっても価格が少々下がっても基準線が横ばいということがよくあるんだ。移動平均線ではほとんどない。

確かにそうですね。

どういうときに、これが起こる？

わかりました。期間内の最高値と最安値が変わってないときです。

そういうこと。半値線では最高値と最安値が変わらない限り線は横ばいとなる（図43）。

半値線が横ばいということは

・最高値と最安値が変わらないということ

では、半値線が上昇するとしたらどんな時だ？

えーと。２つ考えられますね。最高値を更新したとき、あるいは最安値が切りあがったとき。

そのとおり。その2種類しか

図42　移動平均線と基準線

図43 半値線と最高値・最安値の関係

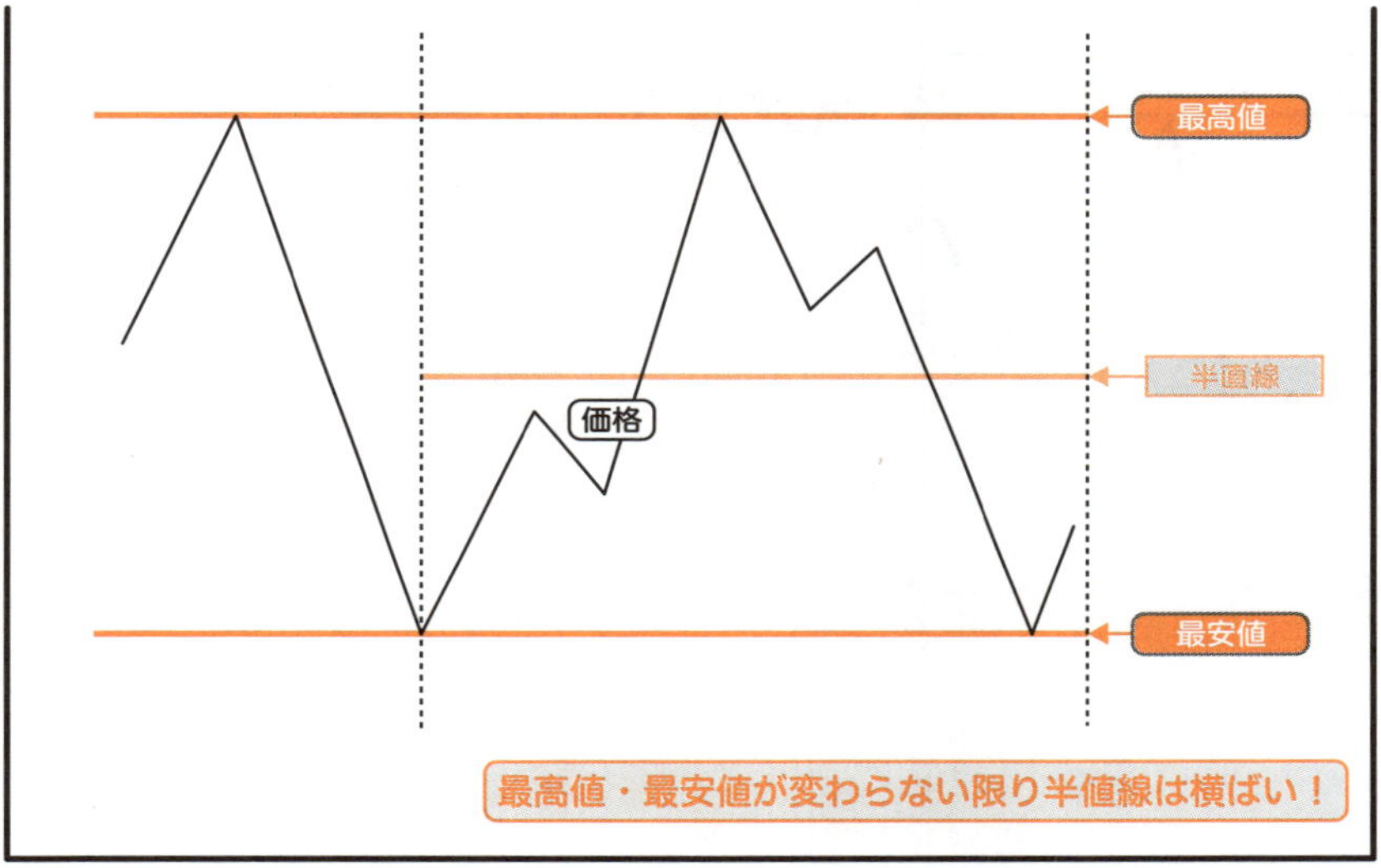
最高値
半値線
価格
最安値
最高値・最安値が変わらない限り半値線は横ばい！

ない。間違いないね？

半値線が上昇する条件

- **最高値の更新（本日の価格が前日までの最高値よりさらに高くなること）**
- **あるいは、最安値の切り上げ（最安値が前日までの最安値より高くなること）**

間違いないです。

で、そのうち「最安値の切り上げ」（図44）とは……例えば基準線であれば、最安値が26日間の一番古い日に付けていた場合、その最安値が消えていくことにより、切り上がる。このパターンのみだ。

ですね。

図44　最安値の切り上げと基準線の上昇

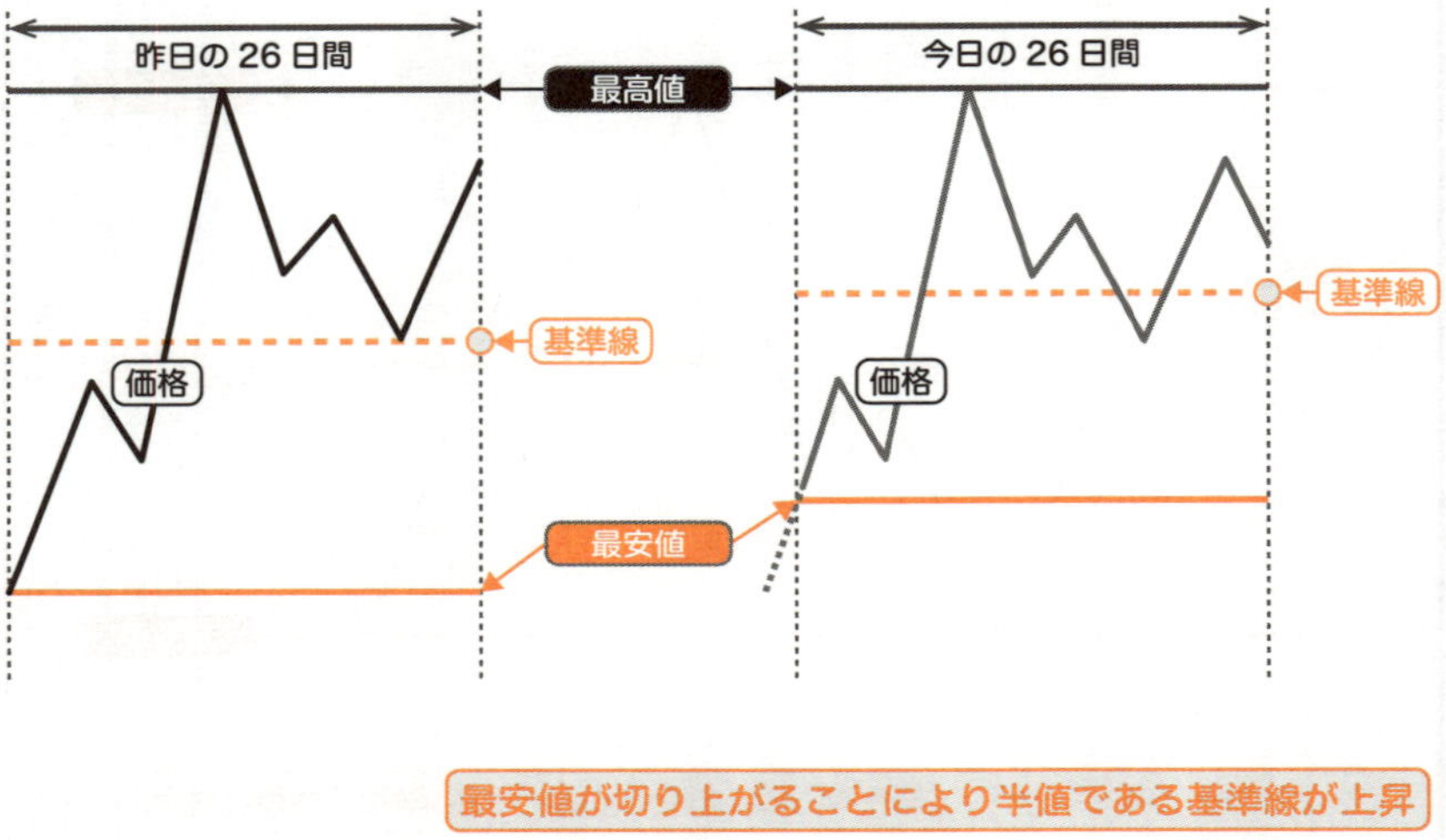

それ以外のケースで、基準線が上向くとしたら……本日の価格が過去の最高値を超えた場合だけ。つまり基準線が上向くということは本日の価格が新高値(図45)を更新しているということを示す！

なるほど！

基準線が下がるケースも同じ。半値線が下がるための条件は

半値線が下降する条件

- 本日の価格が過去の最安値より安い（最安値更新）
- あるいは、期間中の最も古いデータが最高値だったため、それが期間から外れることにより最高値が切り下がる（期間経過による最高値の切り下げ）

図45　最高値の更新と基準線の上昇

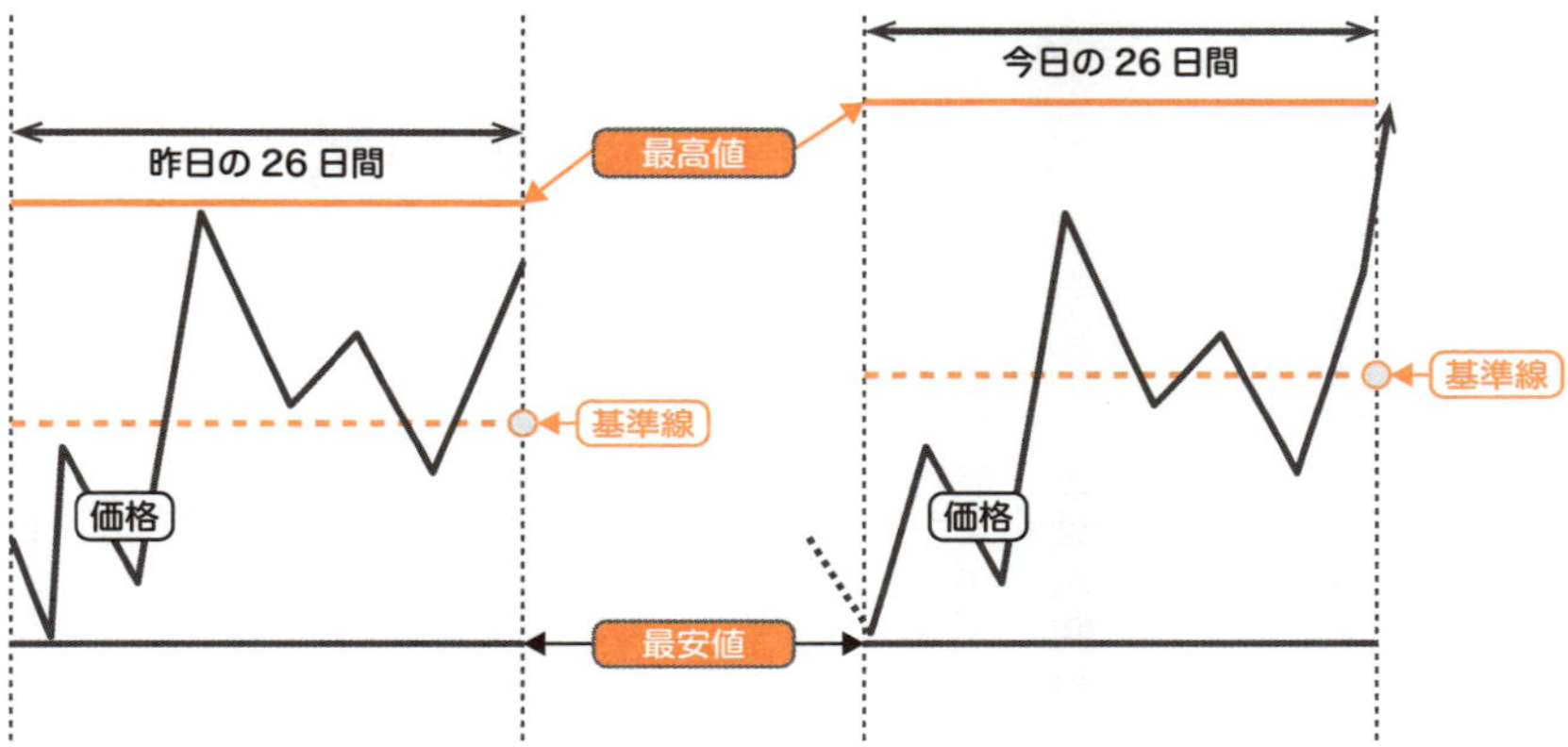

最高値を更新することにより半値である基準線が上昇

つまり、半値線が上昇する下降するということはそれだけでとても重要な意味を持つ。どういうことかというと、新高値を付けた、新安値を付けたということを相当の確率で示しているのである。**「新高値を更新する」「新安値を更新する」**というのはチャート分析では一番重要視するところ。それを示してるのが半値線の動きだとすると、半値線の果たす意義はとてつもなく大きい。移動平均線より一見単純に見える半値線が、実は移動平均線より奥が深かったりする。

すごい。

半値線がもみあい放れを教えてくれる

実は半値線である一目均衡表の各線（遅行スパ

ンを除く4本の線）は、もみあい放れを発見するためにも大きな大きな武器となる。

そうなんですか？

（図46）を見てごらん。価格がもみあい状態になると基準線は横ばいになる。これが半値線の特徴だったね？　真ん中の横にひかれた点線が基準線だ。

そうですね。最高値と最安値が変わらない限り、その半値も変わりませんからね。

逆にいえば、長い間基準線が横ばいしていることがもみあいが続いていることの証拠となる。だが、いつの日か横ばいしていた基準線も上昇か下降をはじめる。

図46　半値線の上昇ともみあい放れ

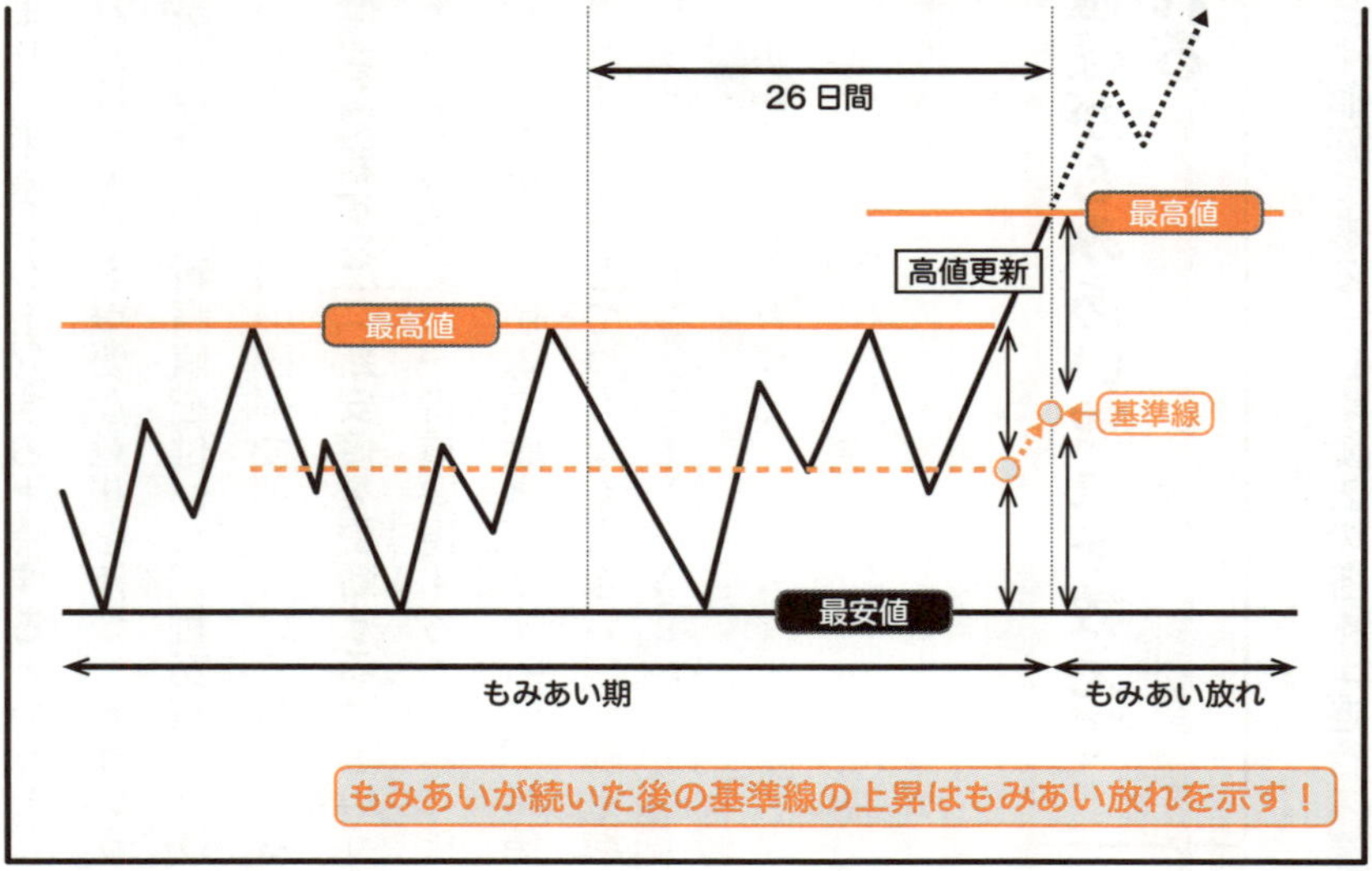

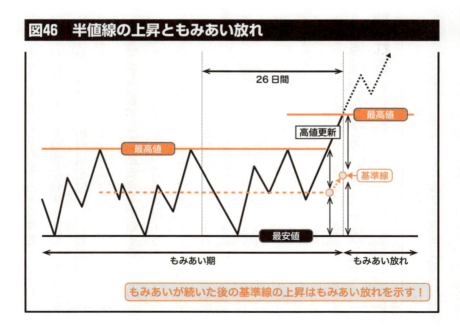

それはそうですね。永遠にもみあいなんてありえませんから。

その動き出しで、価格はもみあい期間中の最高値、最安値を更新する。

あっ、そうか。

これこそ、もみあい放れの典型パターン。あるレンジで長い間もみあっていた相場が新高値を更新して上昇していく。あるレンジで長い間もみあっていた相場が新安値を更新して下降していく。それが、半値線の動きを見ているだけで、浮き彫りになる！

なるほど！　基準線が横ばいということは、最高値と最安値が変わらないことの裏付け。

その基準線が動きだすということは、新高値を更新しているか新安値を更新しているかということですね。

そういうことだ。半値線の動きはもみあい放れを教えてくれる。勉強すれば勉強するほど、一目均衡表は深い。

一目均衡表の好転・逆転は最大の売買シグナル

次は「均衡表の好転・逆転」の話。いよいよ売買シグナルの話だ。「均衡表の好転・逆転」は一目均衡表のシグナルの中でも最も大切なもの。巷では「三役好転」ばかりが注目されているが、本当の主役は「均衡表の好転・逆転」。

そうなんですね。

転換線が基準線を上抜くことを「均衡表の好転」と呼び、転換線が基準線を下抜くことを「均衡表の逆転」と呼び、一目均衡表の中でも中心となるシグナルとなる。

均衡表の好転・逆転

- **転換線が基準線を上抜く→均衡表の好転＝買いシグナル**
- **転換線が基準線を下抜く→均衡表の逆転＝売りシグナル**

上昇トレンド期（図47）には転換線が基準線の上にあり、下降トレンド期には基準線が転換線の上にある。これは勉強したね？

とすると、上昇トレンドから下降トレンドに変化するとき、下降トレンドから上昇トレンドに変化するとき、この2線はクロスする。

なるほど。

つまり均衡表の好転・逆転はトレンドの変化を示すものだ。ネーミングもよく吟味してごらん。「基準線」はその時点の基準となる価格、基準となるトレンドを示している。そして転換線がその基準となるトレンド（＝基準線）とクロスすることは下降トレンドが上昇トレンドに、上昇トレンドが下降トレンドに転換したことを示す。だから転換を教えてくれる線を「転換線」と呼ぶわけだ。

基準を示す線、転換を示す線というわけですね。

図47　均衡表の好転・逆転

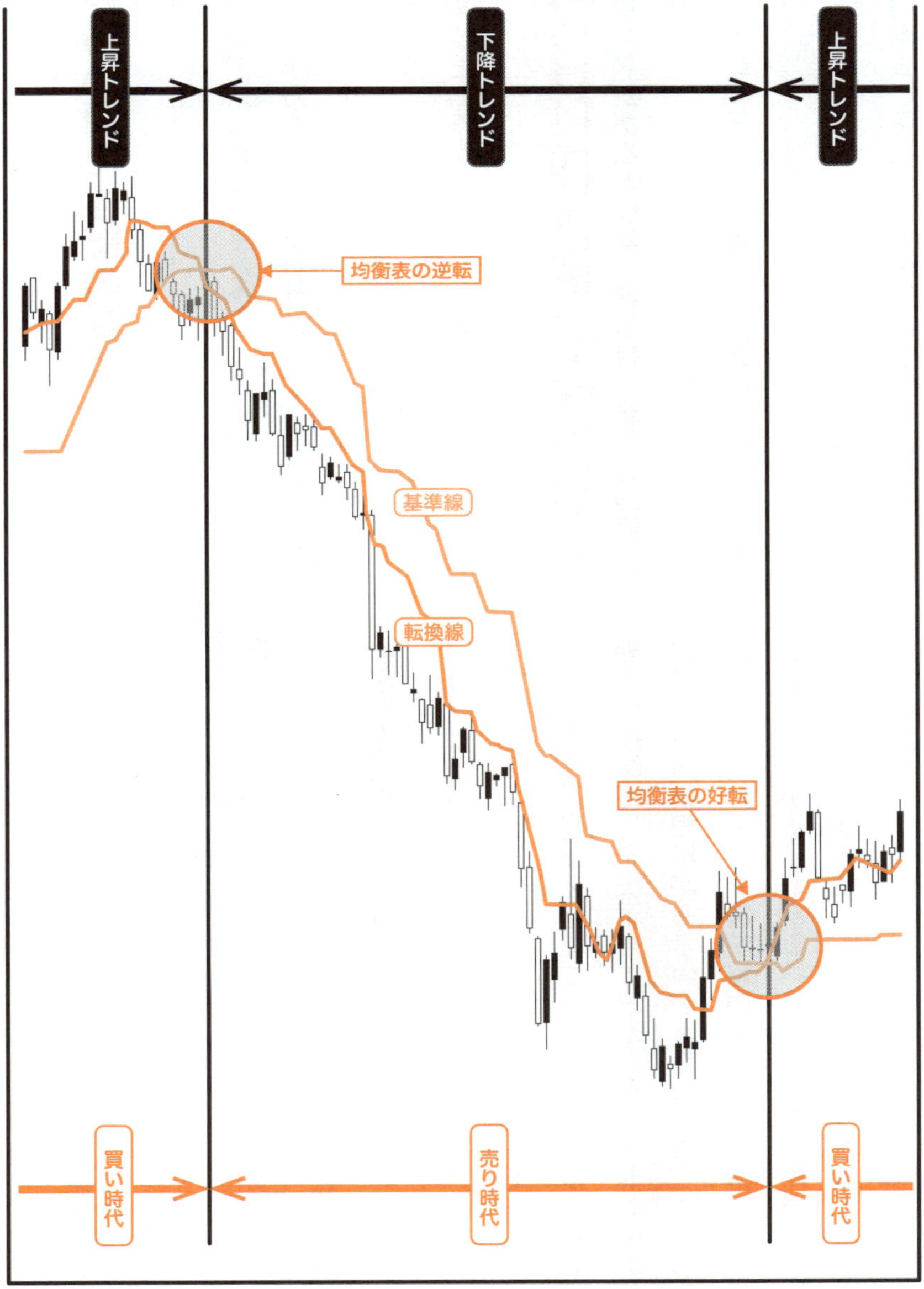

もみあい期の各線の動き

トレンド系のさまざまなテクニカル指標には、トレンドがあるときには有効だけど、トレンドが無くなると使い物にならないというものが多い。そんな中で、一目均衡表はもみあい状態のときにも使えるという貴重なテクニカル指標だ。

一目均衡表の各線は

- **トレンドがあるときは、押し目・戻しの限界点を示す**
- **もみあい相場のときは、もみあいの中心を示す**

思いだしたかね？　ではもみあい相場のときの一目均衡表の各線の動きを確認してみよう。もみあい時、一目均衡表の各線は横ばいになり、線と線がくっついていく。その横ばい（横一直線）の線がもみあいの中心を示す。

なるほど。

もみあい期の仕掛け方

ではいよいよ、もみあい相場のときの仕掛け方を説明する。図48を見てごらん。シンプルに基準線と転換線だけを表示してみた。チャートの中央部にもみあい相場があるのがよくわかる。そのもみあい相場の中心を基準線が示しているのもこれまたよくわかる。もみあい時、基準線と転換線はクロスを繰り返す。これも、もみあいであることの証拠だ。

なるほど、よくわかります。

もみあいの中心がわかれば、中心から上がった分だけ下がり、もみあいの中心から下がった分だけ、上がっているのが確認できるはずだ。

そのとおりですね。

もみあい相場の仕掛け方その①。もみあいの性質を利用した仕掛け。

もみあい時の仕掛け方その①

「もみあいの中心から計算」編

❶もみあいの中心を探す。横

図48　もみあい相場の価格の動き

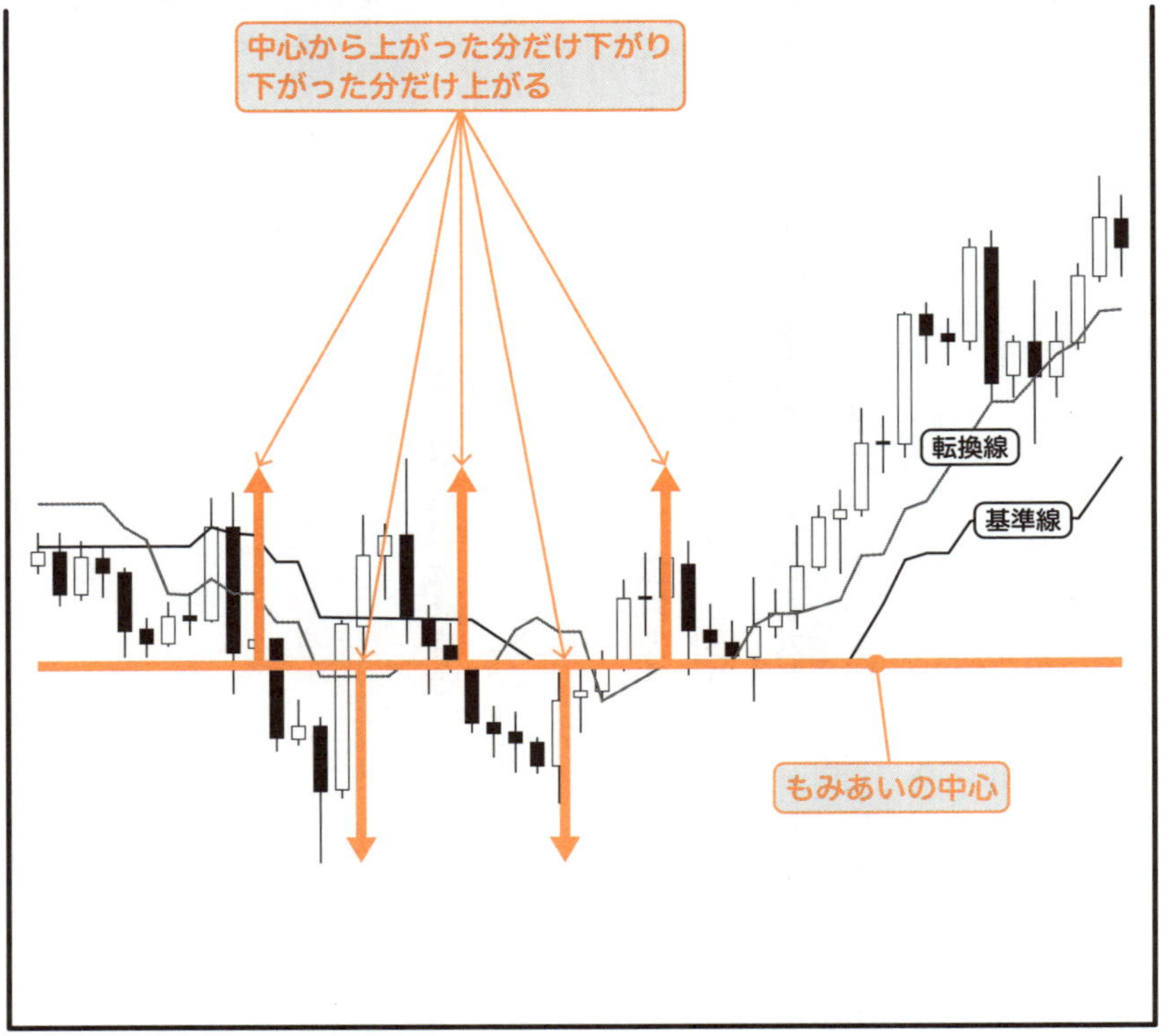

ばいの線がもみあいの中心となる
※特に基準線がもみあいの中心になりやすい。
❷もみあいの中心がわかればもみあいの中心から上がった分だけ、その後もみあいの中心から下がる。もみあいの中心から下がった分だけ、その後もみあいの中心から上がる
❸この性質を利用して仕掛ける
❹仕掛けポイントとしては、天井を確認した時点で売る、底を確認した時点で買う
❺手じまいは上がった分だけ下がったところ（底ゾーン）と、下がった分だけ上がったところ（天井ゾーン）

わかりやすいですね♪

では続いてもみあい相場の仕掛け方その②。今度は、もみあいの終了を見つける方法だ。

もみあい相場の終了は「もみあい放れ」をもって終了と見なすんだよ。

「もみあい放れ」……、前にもうかがいましたが、なんでしたっけ？

もみあい中の最高値をあきらかに割り込むことと、もみあい中の最安値をあきらかに割り込むこと。これをもみあい放れというんだ。

そして、そのとき**放れた方向に価格は大きく動いていく傾向がある。**もみあい期間が長いほど一般的にそのあとの変動も大きい。もみあい中にエネルギーを蓄え、いよいよ新しいトレンドが誕生するというのがもみあい放れなんだ。

もみあい放れからも、今後の流れが見えてくるんですね。

だが、もみあい放れがわかるのは、ずいぶん遅いタイミングだよ。なにしろ、それが明確になるのは、もみあい中の最高値をはっきりと更新したときと、もみあい中の最安値をはっきりと下回ったときだからね。

そこから売ったり買ったりしても遅すぎるってことですね。

そのとおりだ。一目均衡表はもみあいの中心を教えてくれると先ほど解説したね。それを参考に先ほどの図48から、もみあい放れの兆候を読み取るんだ。

もみあい放れの兆候はどう読み取るんですか？

中心線から上がった分だけ、その後その中心線から下がり、下がった分だけ上がる。これがもみあいが続いている状態なんだ。

上がった分だけ下がらない、下がった分だけ上がらないとなると、それはもうもみあいの終了を予兆している。

図49をよく見てごらん。まず、もみあいが続くと、転換線と基準線がクロスする場面がたくさんあるのがわかるね。丸で囲んでいる部分だ。

もみあい中は、基準線はほぼ横ばい。その横ばいの基準線を転換線がクロスしていく。クロスした後、転換線は短期間でもみあいの中心に向けて動きを修正することになる。

なるほど、確かにそうなっていますね。

ところが最後の大きな円で囲まれたところを見

てごらん。ここは今までのクロスとは全然違う。均衡表が好転した後、転換線は力強く上昇し、基準線も遅れて上昇をはじめている。しかも、ある程度の間隔を保ちながらしっかりとした右肩上がりの線になっている。この均衡表の好転がもみあい放れを予兆し、その後、大きな上昇トレンドにつながっていくわけだ。

もみあい時の仕掛け方その②

「もみあい放れ」編

❶もみあい中の基準線と転換線のクロスを探す

❷通常、基準線はほぼ横ばい、

図49　一目均衡表のもみあい放れの読み方

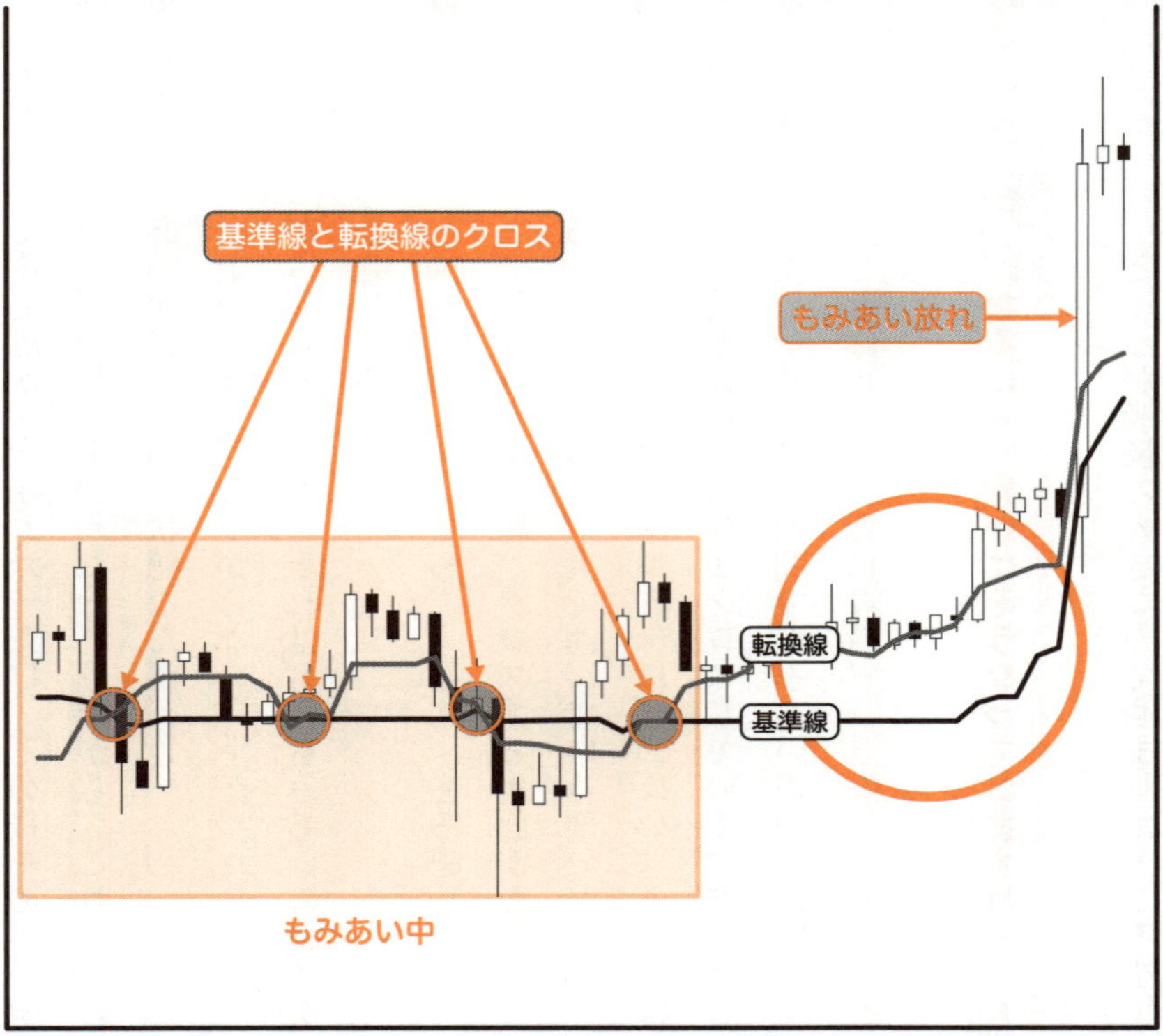

その横ばいの基準線を転換線が下から上へ、上から下へとクロスを繰り返す

❸クロスした後、短期間で転換線が基準線に向かって動き出す（もみあい継続の印）

❹クロスした後、転換線が基準線に向けて戻らず間隔を広げていく（もみあい終了の予兆）

❺基準線が上昇（下降）しだしたら、もみあい放れにつながるサイン

ちょっと補足しておこう。均衡表の好転・逆転の後、基準線と転換線が間隔を広げていくことが新しいトレンド誕生の予兆になる。上昇トレンドなら基準線と転換線がどちらも上昇しながら間隔を広げていくし、下降トレンドなら基準線と転換線がどちらも下降しながら間隔を広げていく。二線の間隔と併せて向きもみることが大事だね。

二線の間隔と併せて向きもみることが大事なんですよね。

そうだ。よく覚えていたね。

そして、均衡表の好転から上放れるときの1つのパターンとして、上昇しはじめた価格が一度基準線のところまで下がり、基準線に跳ね返されて一気に上昇していくというパターンがある。これを**「基準線を踏み台にして上放れる」**という。

逆に、均衡表の逆転から下放れるときは、下降しはじめた価格が一度基準線のところまで上がり、基準線に跳ね返されて一気に下降していくパターンがある。これを**「基準線に頭を押えられて下放れる」**という。よくあるパターンなので覚えておこう。

「基準線を踏み台にして上放れる」というの

は、さっき話にあった「中心から上がった分だけ、その後中心から下がらなかった」というもみあい終了の予兆でもある、ということですね。だから上放れるということですか？

そういうことだ！

先行スパン2を極める

まず「先行スパン2」から解説したい。

「先行スパン2」が先なんですね。

先行スパン2は半値線。転換線・基準線と半値線の解説をしてきたのだから、その次は先行スパン2から解説するのが順序。

一目均衡表の最大の特徴は直近のローソク足より先に線が引かれているということ。こういうチャートは世界でも珍しいんだよ(図50)。そんなに珍しいチャートなのに、なぜ先行しているか、それをどう活用するかに関して語られていない。

ほんとだ。不思議ですね。

計算式からわかること

まずは例によって計算式をマスターしよう。

計算式

- **先行スパン2＝（過去52日間の最高値＋過去52日間の最安値）÷2を26日将来に描画**

※ただし、数値は全て本日を入れた計算

さて、あやちゃん。質問だがこの計算式から何がわかる？

う～ん。まずは先行スパン2も半値線だということでしょうか。期間は52日と長期。だから、長期の相場水準、長期のトレンドの方向性、長期トレンドの均衡点……ですか？

OK。一目均衡表では短期を9日間、中期を26日間、長期を52日間としてそれぞれのトレンドを比較している。先行スパン2は長期担当だ。

図50　未来に描かれる線

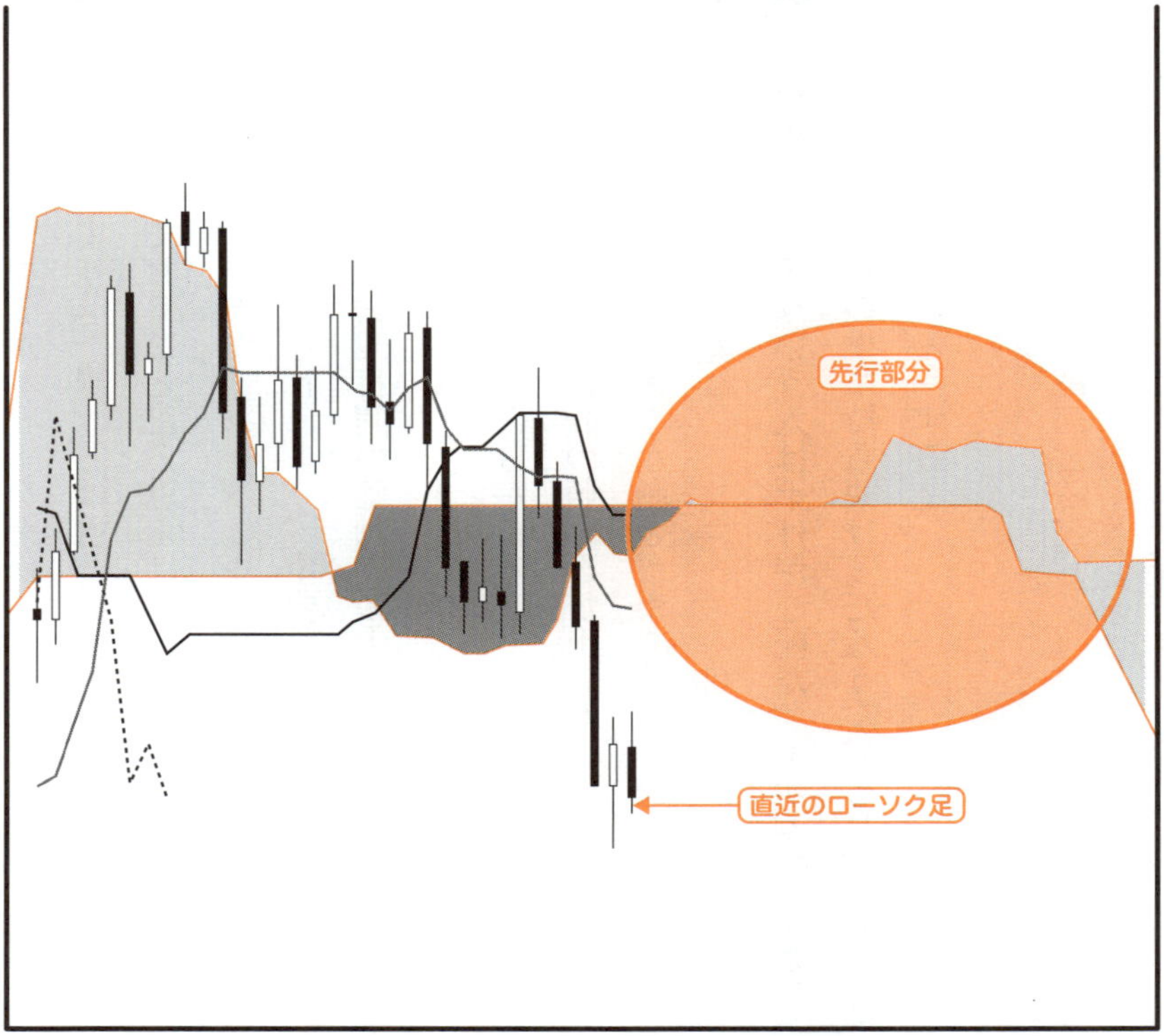

先行スパン2の意味

・長期の相場水準、長期のトレンドの方向、そして長期勢力の均衡点を表す

予測と予想の違い

一目均衡表の代表的考え方に「予測」というものがある。まずはそのことを説明したい。

世間一般での使われ方は「予測」と「予想」では大差ないが、一目均衡表においては大きく違う。「予測」とは根拠を持ってあらかじめ測っておくこと。

もっと詳しく教えてください。

将来の値動きはどうなるかわからない。でも1つモデルパターンを作っておく。それが大事。つまり「予測」とは重要なモデルパターンを作図しておくことだと思えばいい。

そのモデルパターンと実際の動きを比較するんだよ。それにより、重要な発見がある。

過去52日間の値動きの中にはいろいろなパターンがあるが、大きくわけると、上昇・下降・もみあいの3つに分かれる。

仮に52日間の値動きが上昇だったとすると、それだけの大きな動きだから買いを仕込んでいる人が多いよね。

そういう人は下げが心配だ。上がっている限りはそのまま持ち続けるだろうが、もし、下がってきたらどうする？

早めに利益確定します。

そういう人もいるだろうが、でもそれが一時的な押し目でさらに上昇するとしたらもったいない。

なるほど、そうですね。

まずは作図例として52日間上昇して52日間下降した図51作図例1を見てごらん。

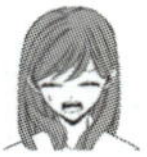

上がった分が全部なくなっちゃいましたね。やっぱり早く決済して利益を確定しておくべきでした。

でも、再度の上昇の可能性を

図51　モデルパターンの作図例と予測

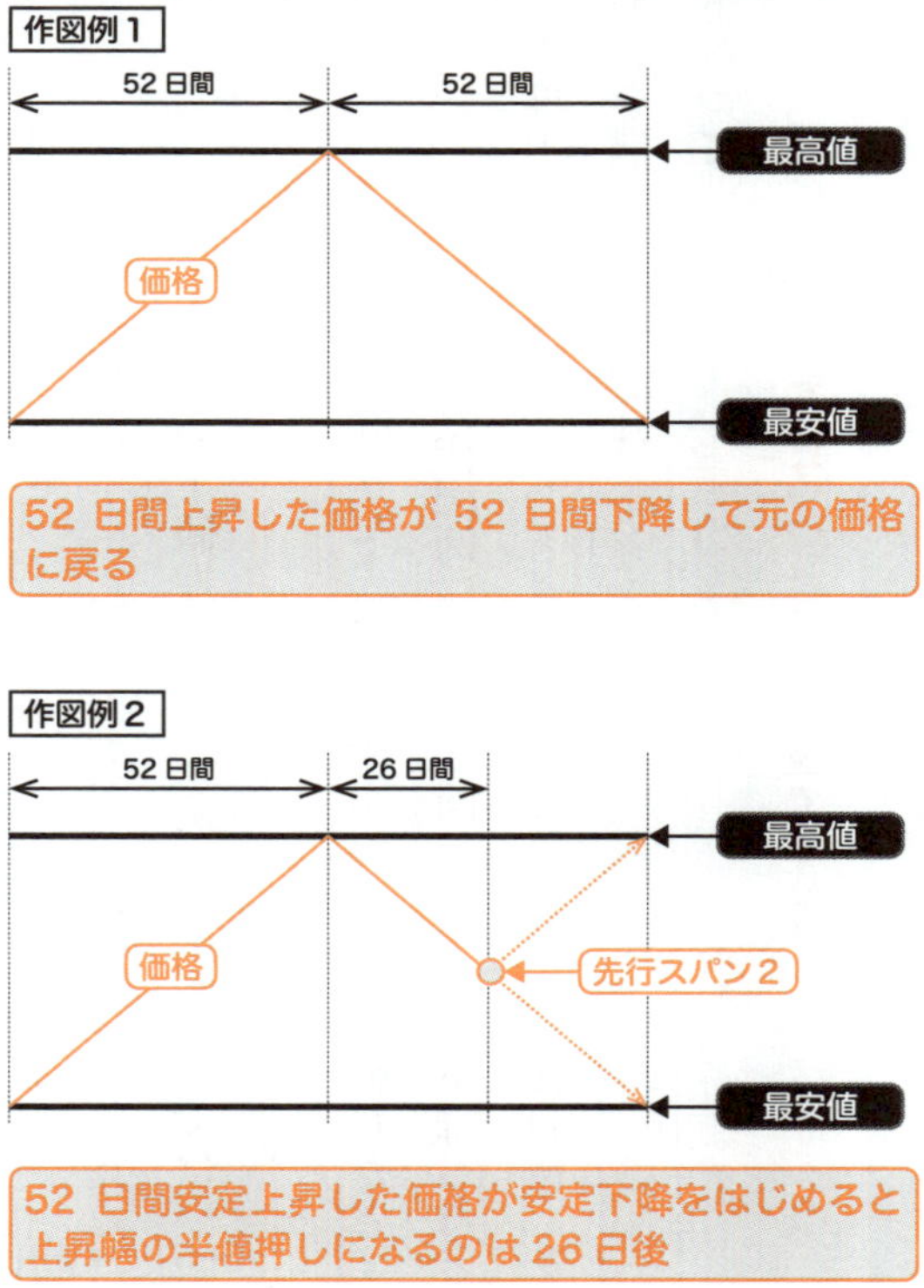
作図例１
52日間
52日間
最高値
価格
最安値
52日間上昇した価格が52日間下降して元の価格に戻る
作図例２
52日間
26日間
最高値
価格
先行スパン２
最安値
52日間安定上昇した価格が安定下降をはじめると上昇幅の半値押しになるのは26日後

考えると早めの決済が正解ともいえない。ここがトレードをする上でのキーポイントとなる。どこまでなら決済を我慢してもいいか。それ以上遅らせてはいけないところはどこか？　その分岐点は？

あ、それは今まで繰り返し勉強してきましたね。半値押しが分岐点でした。

そういうこと。半値押しまでだったら、再度上昇する可能性の方が強い。ところが半値押しを過ぎると再度上昇する可能性よりそのまま下がっていく可能性の方が多い。

なるほど。

いいかい。そこに予想はないぞ。上がるか下がるかは神様以外わからない。しかし、半値押しまでは買い方の勢力が強く、半値押しを過ぎれば売り方の勢力が強くなる。こうやって現状分析から事実を積み上げて、確かな推理の中で確率を利用して利益をとっていくのが一目均衡表の考え方だ。ではその半値押しになるのは上記の例ではいつかな？

52日間安定上昇した相場が、下降に転じたとする(図51作図例)。上昇と同じペースで下降したとしたら、そのとき、半値押しになるのは26日後。その位置は……？

先行スパン2の位置ですね。

そういうこと。これでわかったかね。仮に現在52日間が上昇トレンドだったとする。そこで買いを仕掛けていたとする。そこで押し目を迎えた。どこまでなら我慢していいか、どこを超えたら無条件で決済すべきか、その**分岐点を示すのが先行スパン2**なのだよ。

先行スパン2の位置

- **52日間上昇した相場が下降に転ずると半値押しになるのが先行スパン２の位置**

なるほど。気づきませんでした。

図52を見てごらん。まず52日間の上昇相場があった。そのとき、先行スパン2に向けて線を引いておく。これを予測という。

図52　52日間の上昇相場と予測の方法

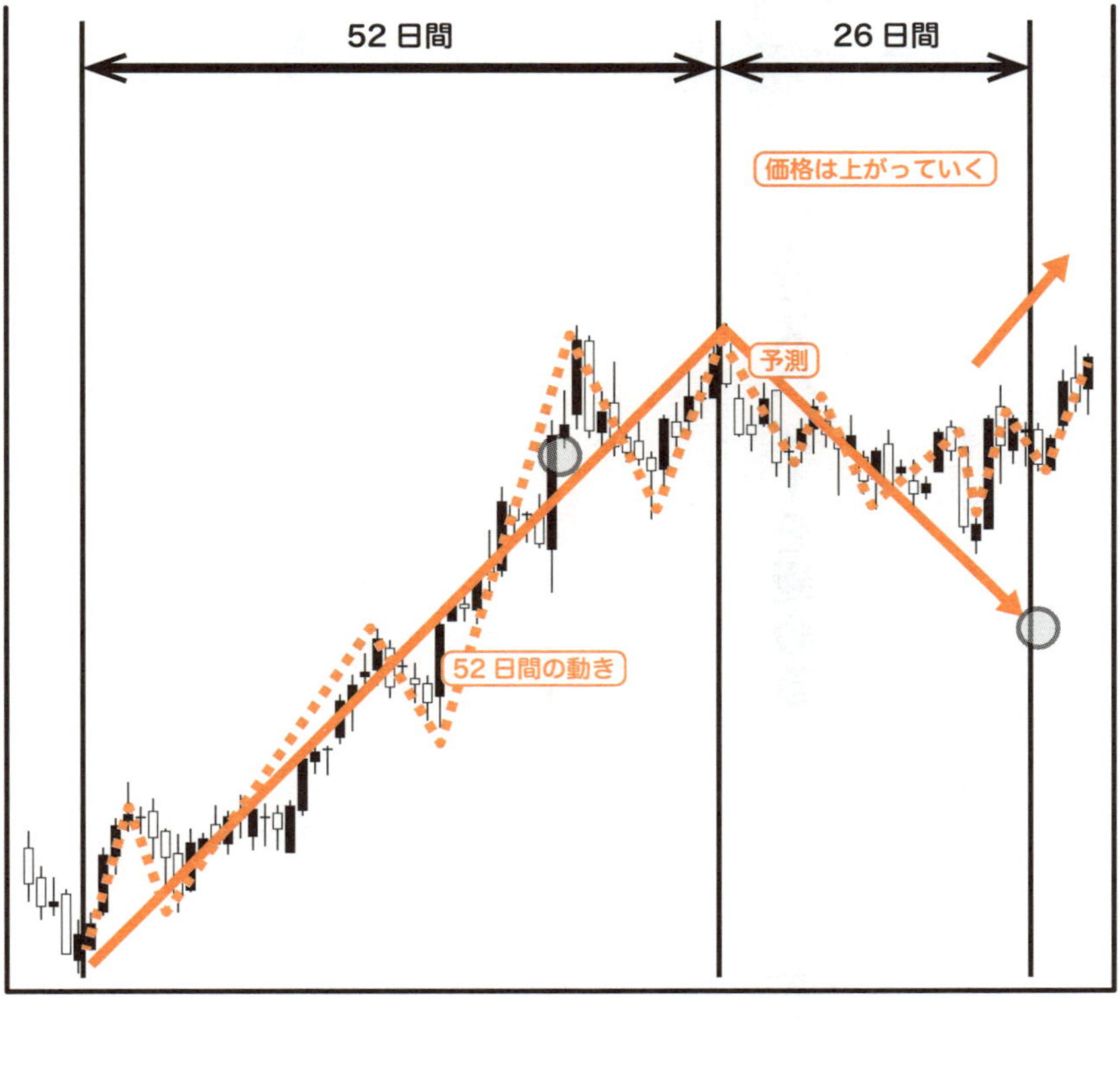

もちろん次の日から下がるとは限らない。そのまま上がっていけば、何も予測の必要などない上昇相場だ。仮に下げだしたとしてもこのラインのとおり動くわけではない。ポイントは実際の価格変動がこのラインに対してどう動くかを見極めること。

なるほど。

上記のケースのときに、翌日から価格は下がりだし、しばらくの間予測のラインを中心とした下降を見せていた。ところがしばらくすると次第に予測ラインから上に離れていった。ということは、この下げが押し目であり、再度の上昇につながるということが証明されたわけだ。

なるほど、現在までの上昇トレンドが継続するか消滅するかの分岐点を示しているのが先行スパン2なんですね。

そのときの価格と、時間的経過と、両方から分岐点をとらえているのが一目均衡表のすごいところだ。下降相場のときも同様。

確かに！ 通常は価格だけで半値を捉えていますが、一目均衡表は時間経過も考えているんですね♪

先行スパン1を極める

まずは例によって計算式をマスターしよう。

計算式

先行スパン1＝（基準線＋転換線）÷2
※この計算式で計算された数値を本日を含めて26日将来に描画。

先行スパン2と同様、26日将来にずらして描画するというところがポイント。

さて、あやちゃん、いつもの質問だが、この計算式から何がわかる？

えーと……。

わからないときは図を書いてみる。これが鉄則。例によって安定下降していた価格が底を打って安定上昇に変わるという典型パターンを仮想で作ってみて、そのとき、先行スパン1・先行スパン2がどう動くかを検証してみる。こういう図（図53）を作ってみるといろんなことがよくわかる。前回勉強したように底を打ってから26日目に先行スパン2と交わる。

長期（52日間）の下降トレンドの半値戻しの価格に、底から26日で到達する位置というのが先行スパン2の意味合いでしたね。

そういうこと。それに対して先行スパン1だが、上記のような典型パターンでは底を打ってから17日目と18日目の間で価格が先行スパン1と交わる。

図にすると確かによくわかりますね。

ということは先行スパン1は実は長期（52日間）の下げ相場に対する三分の一戻しの位置にあたる。

52日÷3≒17・5日

なるほど。そうだったんですね。ということは逆に長期（52日間）の上昇に対しては、先行スパンーは三分の一押しの位置にあたるわけですね。

そうだね。ただし、あくまで典型的値動き、安定した下降・安定した上昇という中での話だということも理解しなければいけない。先行スパン1がいつも三分の一押し（戻し）になるわけではないぞ。

図53　先行スパン１・２の作図例

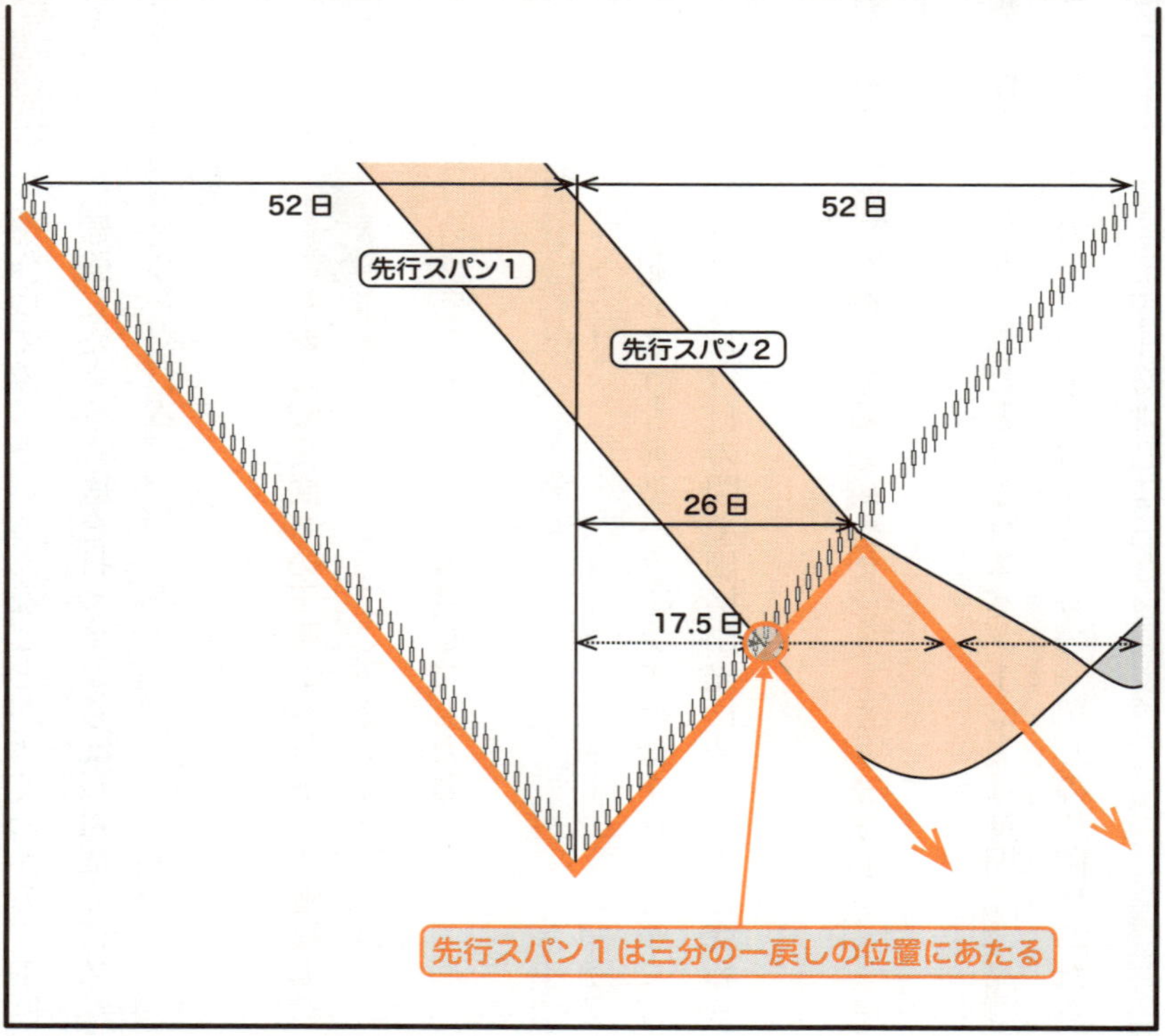

先行スパン1は何を示すもの？

さて、話を戻そう。ある一定期間の中心となる価格を相場水準と呼ぶと前に話した。先行スパン1は何を表す線か。転換線が短期（9日間）の相場水準（＝中心）を表し、基準線が中期（26日間）の相場水準（＝中心）を表しているとしたら、先行スパン1は短中期の相場水準（＝中心）を表していると思えばいい。

この話の続きは、次で解説するよ。

雲を極める

では、次に「雲」の話。一目均衡表で一番有名で、一番謎に包まれた部分だ。

雲をつかむような話……ということですね。

あやちゃんうまいね！　原著では「抵抗帯」と呼んだ（図54）。確かに「雲」と呼ぶことで、「雲を抜けて青空の中を上昇！」とか、「雲の中で錐もみ状態！」とかイメージしやすいメリットがある。ただ、逆に誤解が多くなったのも事実なんだ。現在は「雲」として幅広く認知されているので、あやちゃんへの解説でも「雲」と呼ぶが、正しくは「抵抗帯」であることを忘れないように。

雲の謎

さて、あやちゃんには「雲」に関して予習をしてきてもらえるように伝えていたけれど、やってきたかい？

はい、もちろんです！　これまで小次郎講師に教えていただいたお陰で、ずいぶん投資の本に書かれている意味がわかるようになりました。予習もバッチリしてきましたよ。

- 価格が雲に近づくと跳ね返されやすい（雲が抵抗線・支持線となる）
- 雲の中に入るともみあいになりやすい
- 雲を上に突き抜けると、そのまま大きく上昇。雲を下に突

図54　雲＝抵抗帯

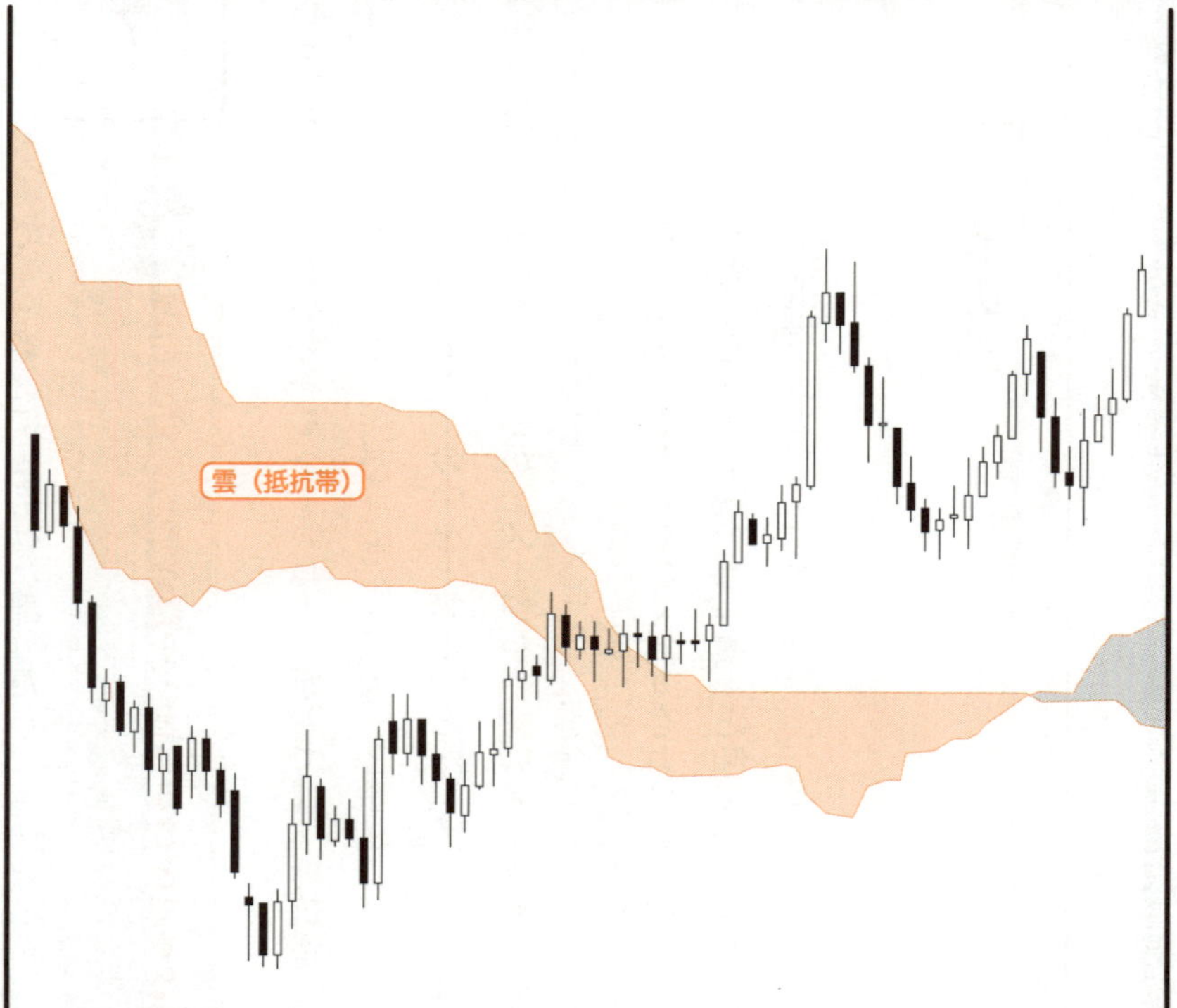

き抜けると、そのまま大きく下落

- **雲が分厚いと跳ね返されやすく、薄いとすぐに突き抜けやすい（雲の厚さが抵抗の強さに通じる）**
- **雲のねじれの部分が変化日となる**

ですよね。

よく勉強してきたね。5つそれぞれの理由を考えていこう。

本当に使える知識を得ると考えると、その意味を知ることが重要なんだ。

なぜ、価格は雲に近づくと跳ね返されやすいのか？　雲の中に入るとなぜもみあいになりやすいのか？　まずは「価格が雲に近づくと跳ね返されやすい」という話から考えてみよう。

価格はなぜ雲に近づくと跳ね返されやすいのか？

これは雲が抵抗帯であるということの一番の証拠だから大事だよ。

雲には線が二本ある。先行スパン1と2だ。不思議なことに価格が上から雲に向けて下降しても、下から雲に向けて上昇しても最初にぶつかるのはほとんど先行スパン1なんだ。

不思議ですね。やっぱり雲は謎だらけです。

それほどのものじゃない。価格がある程度上昇すると、先行スパン1が先行スパン2の上に来て、価格がある程度下降すると先行スパン1が先行スパン2の下に来る。図55で確認してごらん。

そうですね。先行スパンーの方が期間が短く、先行スパン2の方が期間が長い。ということは上昇トレンドに素早く反応するのは先行スパンー、遅れて反応するのが先行スパン2、ということですね。

そのとおりだよ。どんどん上昇していくと反応の早い先行スパン1の方が先にどんどん上昇し、遅れて先行スパン2が上昇していく。その結果、先行スパン1の方が上に来る。

そして、下降トレンドに素早く反応するのも先行スパン1、遅れて反応するのが先行スパン

図55　先行スパン１と２との上下関係

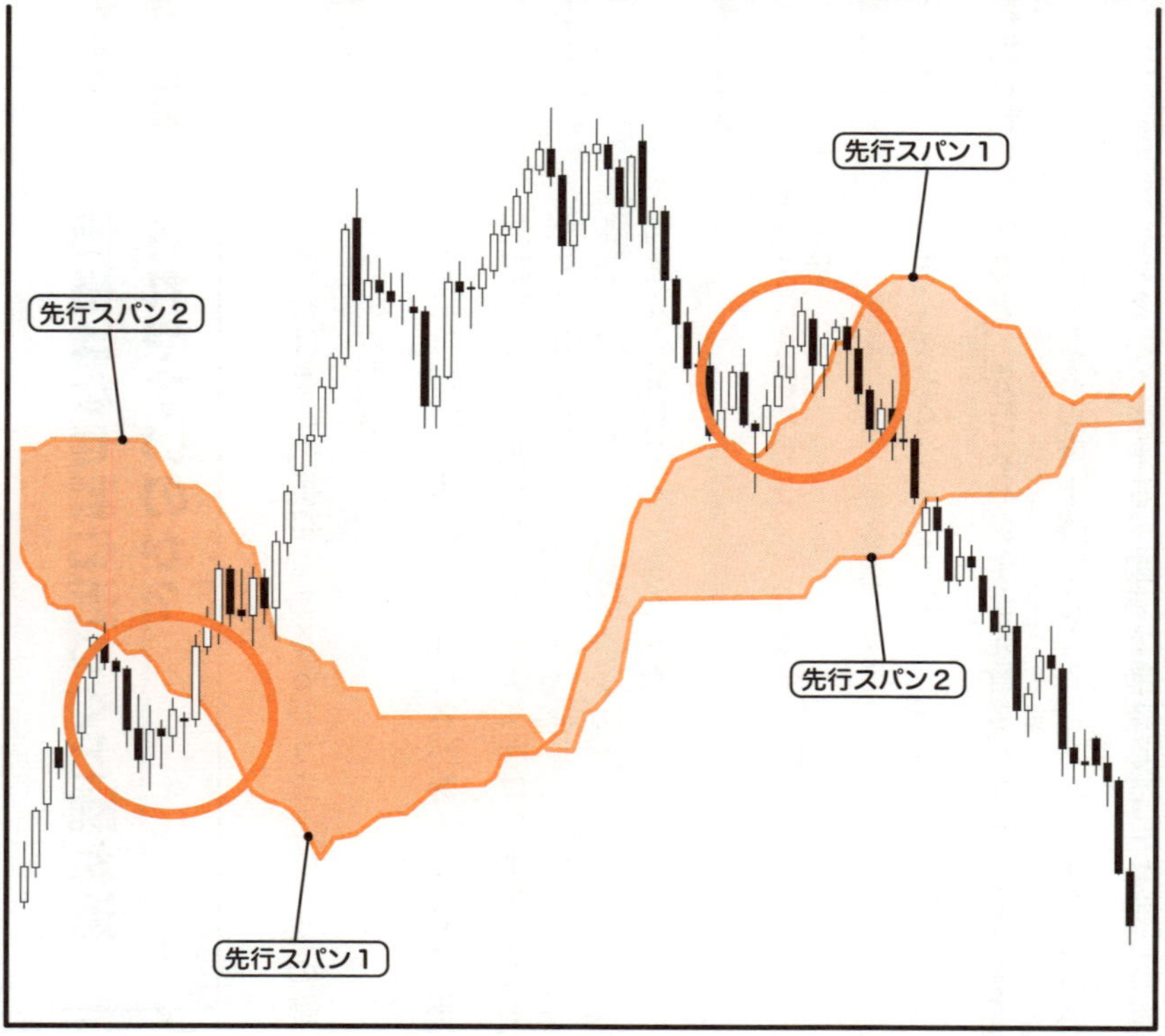

2だ。どんどん下降していくと先に反応の早い先行スパン1の方がどんどん下降し、遅れて先行スパン2が下降していく。その結果、先行スパン1の方が下に来る。

つまり……上昇していた相場が向きを変えて雲とぶつかる。下降していた相場が向きを変えて雲とぶつかる。というのはどちらも先行スパン1とぶつかると思えば、ほとんどのケースで間違いない。

なるほど、確かに基本はそうだとおもいます。でも、そうでないこともありますよね？

それはもみあい相場が続いたケースだね。上がったり下がったりを短期間で繰り返せば、先行スパン1と2が正しく位置を変える前に価格が雲とぶつかってしまう。

基本はあくまで価格が雲と最初にぶつかるのは先行スパン1、そして価格が雲を抜けるのは先行スパン2を突き破るということを覚えよう。

先行スパン1は転換線と基準線の半値を26日先にずらして描いたもの。つまり**26日前の短中期の相場水準＝価格変動の中心がどこだったかを示している。**つまり、いったん上昇した相場、あるいは下降した相場がそこまで戻ってくると抵抗になりやすい。

価格はなぜ雲の中でももみあうのか？

ここまでが理解ができると、雲の中でもみあいになりやすいことも、雲を抜けると勢いが増すことも理解できるはず。

だんだん見えてきました。

さて話を進めるぞ。長期（52日間）の上昇の半値押しに当たるのが先行スパン2、これは買い方にとって最後の砦だからなんとしてでも死守したいところ。だから一番抵抗が強い。

雲の分厚さがなぜ抵抗の大きさに関係するのか？

世間でよくいわれる「雲が分厚いと跳ね返されやすく、薄いと簡単に突き抜ける（雲の厚さが抵抗の強さに通じる）」って本当ですか？

では雲の分厚さに関して研究してみよう。雲が分厚いとか薄いとかいうが具体的にはどういう状態を示す？

うーんと、先行スパン1と2が離れている状態が「雲が厚い」と呼ばれ、先行スパン1と2がくっついている状態が「雲が薄い」と呼ばれる状況ですね。

そう。そうやって抽象的な言葉を具体的な状況に置き換えていかなければいけない。雲が厚いというのは先行スパン1と先行スパン2の値が大きく離れている状態。雲が薄いというのは先行スパン1と先行スパン2の値が近づいている状態。ではどういうときに、先行スパン1と2が離れ、どういうときにくっつくか？

つまりもみあい状態のときには2つの線はくっつき、トレンドができると離れていくんですね。

正解。ただし、26日前の状態というのが注意点だけどね。

そうですね。26日ずらしているんですもんね。

そういうこと。雲が薄いとは、26日前にトレンドが無い状態を示し、雲が分厚いとは26日前迄にトレンドがある状態を示すんだ（図56）。

なるほど。

1つずつ解説するぞ。もし、雲が薄い状態が続いているとしたら、それは26日前までトレンド

図56　雲の厚さと通過しやすさの関係

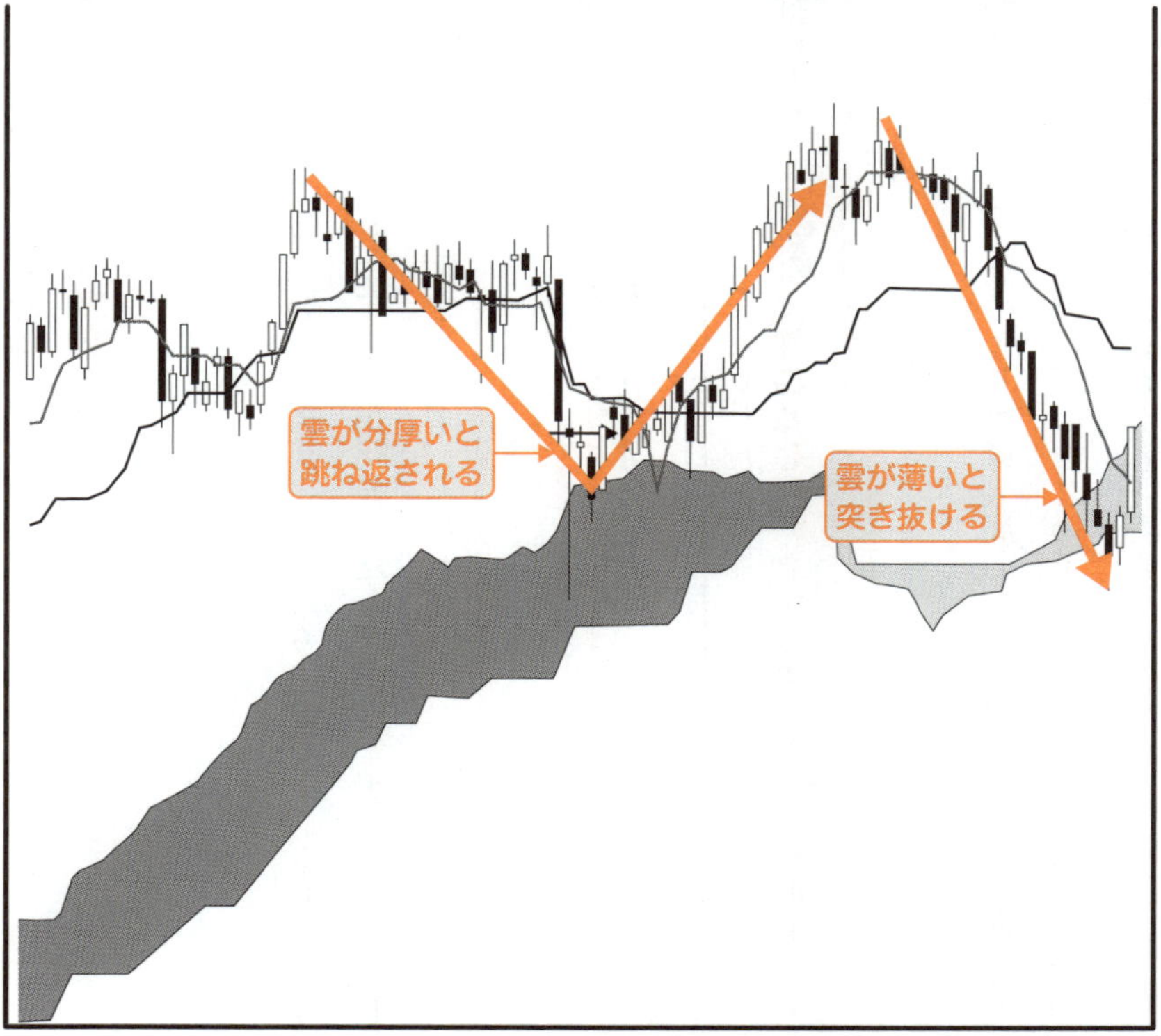

雲が分厚いと
跳ね返される
雲が薄いと
突き抜ける

が無い状態が続いていたことになる。そこで価格がたまたま雲の上にあった、あるいは下にあったとして、そこから雲に向けて価格が下がってきた、あるいは上がってきたとしたらどうだ？　雲が抵抗帯になるかい？

なりません。もみあいなら価格は、あるときは雲の上、あるときは雲の下とどんどん入れかわっていきますから、抵抗帯にはなりません。

そうだね。抵抗帯として働くのはある時期上昇相場があった。つまり、価格は雲の上を推移している。その上昇相場がある日下げだした。で、雲とぶつかったときには先行スパン1がまず支持線となり、続いて先行スパン2が支持線となる、という意味だ。ということはどちらかではね返り易い。

なるほど、今まで勉強した当たりまえのことですね。

そう、実は当たりまえのことをいっている。もみあいだと抵抗帯にはなりませんよ、トレンドがあってそれが反転したときだけ、雲は抵抗帯として働きますよ、とそういう話なんだ。

雲のねじれとは？

「雲のねじれ」というのを詳しく説明してください。

雲のねじれは大局のトレンドの転換を示すんだ。先行スパン1と2の上下関係が変わるクロス部分を、雲のねじれと呼んでいる。

価格がその位置に来ると変化が起こりやすいともいわれているよ。**雲のねじれがある日＝変化日**という人もいるようだね。

ただし、雲は26日先に描いているから、大局のトレンドが転換するのは、そのねじれの位置からいうと26日前になる。

26日前？

例えば、今日チャートを眺めていたとすると、26日先に描かれている雲がねじれ（先行スパン1と2がクロス）、大局のトレンド転換を今日察知するということなんだよ。

んん?? 小次郎講師、もうちょっと詳しくお願いします。

先行スパン2は52日間の半値だよね（図57）。先行スパン1は26日間の半値と9日間の半値の半値。

ここまではわかるね？

はい、わかります。半値同士の半値というのがちょっとわかりづらいような気もしますが……。

この際、細かいことは無視しよう。要は2つの期間の中心を比べているんだということはわかるかな？

はい、それはわかります。

2つの期間の中心を比較しているっていうのは、一目均衡表の中に他にもあったね。

図57　雲の動きとトレンド転換

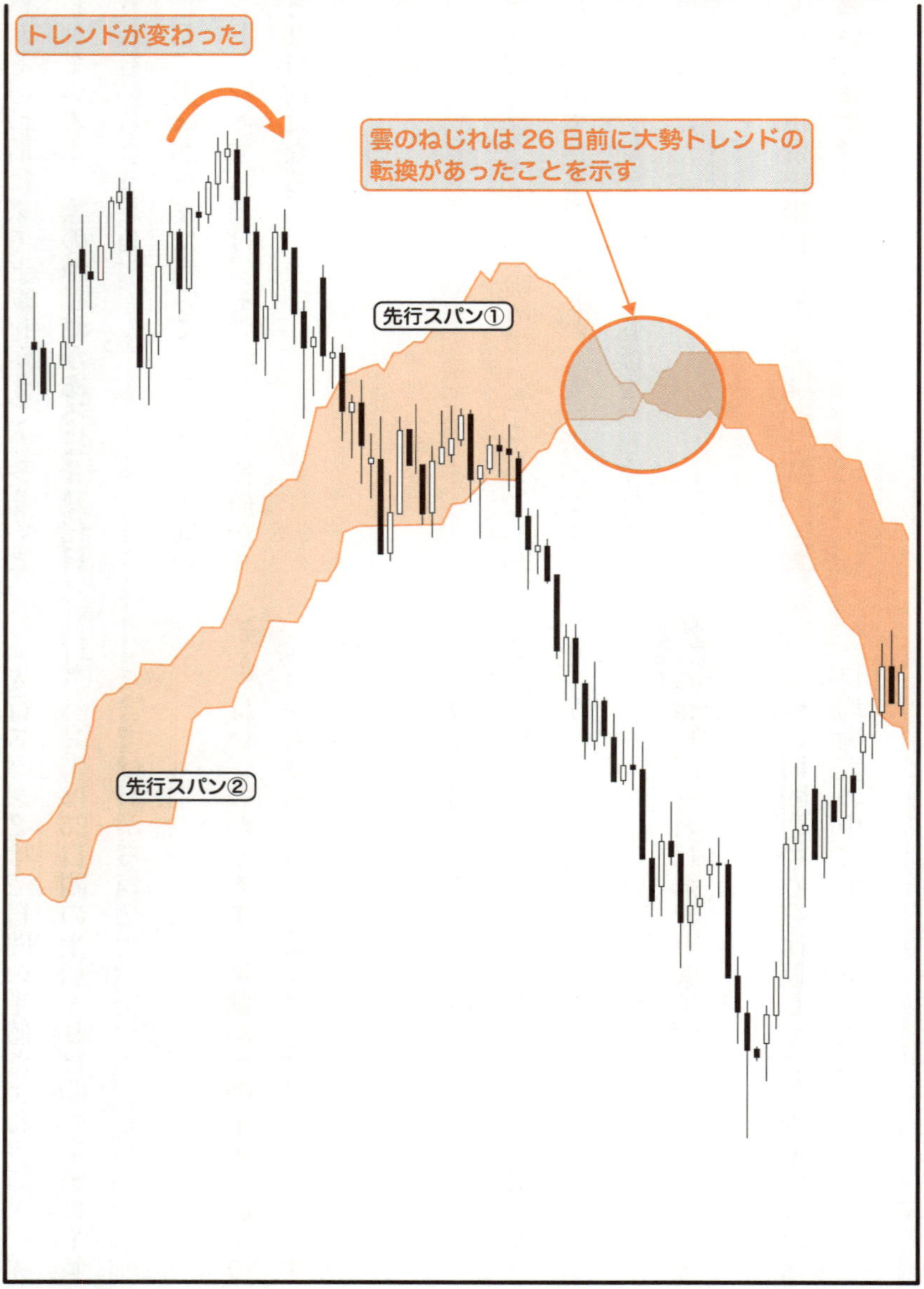

えーと……あっ、ありました。基準線と転換線の位置関係を比較したもの！

そうだね。均衡表の好転・逆転だ。

これも2つの期間、えーと、9日間と26日間の中心を算出して比較したはずです！

そういうこと。9日間の中心（＝半値）と26日間の中心（＝半値）を比較して、トレンドの変化を見つけるのが均衡表の好転・逆転。

「転換線（＝9日間の半値）が基準線（＝26日間の半値）の上に来れば上昇トレンド、転換線が基準線の下に来れば下降トレンド。その2線がクロスすることにより、下降トレンドから上昇トレンド、上昇トレンドから下降トレンドへの転換期となる」でした。

そのとおり。ただし、もみあい相場では通用しないからね。で、実は、先行スパン1と2の関係もそれと同じなんだよ。

え？　どういうことですか？

例えば、移動平均線で説明してみよう。一般的には、2つの線のゴールデンクロスやデッドクロスを見つけたりするよね。ただ、この2つの線、何日移動平均線と何日移動平均線のゴールデンクロス（あるいはデッドクロス）が正しいのかという正解はないんだ。

そうですよね。5日移動平均線と25日移動平均線のクロスなどがよく使われているんで

すよね。それはあくまでよく使われるというだけで、いろんなものがありますね。

30日移動平均線と50日移動平均線のゴールデンクロス・デッドクロスを見ている人もいるかもしれない。

ではその期間の違いはいったい何なんだということになる。結論からいうと、この期間の違いはどの期間のトレンドを見ているかという違いなんだよ。

どの期間のトレンドというのはどういうことですか？

例えば「長期的には上昇トレンドなのに中期的には下降トレンド、で、短期的には上昇トレンド」などということがある。

つまり、どの期間のトレンドを探すかで、使う移動平均線の日数が変わってくるんだよ。

なるほど。短期のトレンドの変化を探るには移動平均線も短期のものを使うし、長期トレンドの変化を探るには長期のものを使うということですね。

そういうこと。つまり、転換線と基準線のクロス（＝均衡表の好転・逆転）は中期トレンドの変化を見るために使い、先行スパン1と2のクロス（＝雲のねじれ）は長期トレンドの変化を見るために使う。

そうだったんですね！

「雲のねじれ」と一般にはいわれているが、同じ雲のねじれでも**先行スパン1が先行スパン2を上抜くことを「雲の好転」、先行スパン1が先行スパン2を下抜くことを「雲の逆転」**と呼んで、私は識別している。これが大局トレンドの転換を表し、雲の好転で大局上昇トレンドとなり、雲の逆転で大局下降トレンドとなる。

ここで重要なのが、これが描かれているのは26日先だということ。大局転換が起こったのは雲のねじれが描かれている日ではなくて、その26日前なんだ。

つまり、今日一目均衡表チャートを付けたら、26日先に描かれている雲がねじれていたとすると、まさに今日が重要変化日なんですね。

そういうことだね。

確認なんですが、雲がねじれている部分が描かれている日、つまり26日先のその日は変化日ではないんですか？

もちろん、意味はある。大局トレンドが変化してから一目均衡表の重要な基本数値である26日経過した日という意味だ。大局トレンドの変化を感じて買った人が、利益確定などのアクションを起こしやすい日といえる。

雲のねじれ

- **雲のねじれが起こった日が重要。その日に大局トレンドの転換を察知**
- **先行スパン1が2を上抜けば大局下降トレンドから大局上昇トレンドへの転換を示す**
- **先行スパン1が2を下抜けば大局上昇トレンドから大局下降トレンドへの転換を示す**

遅行スパンを極める

遅行スパンは一目均衡表の5つの線の中で、最もシンプルながら、最も重要な線といわれている（図58）。

遅行スパンの計算式

- **終値を26日過去にずらして描画**

※本日を含めて26日と計測

簡単ですね♪

一目均衡表の各線の計算式は、

図58　遅行スパンの描図

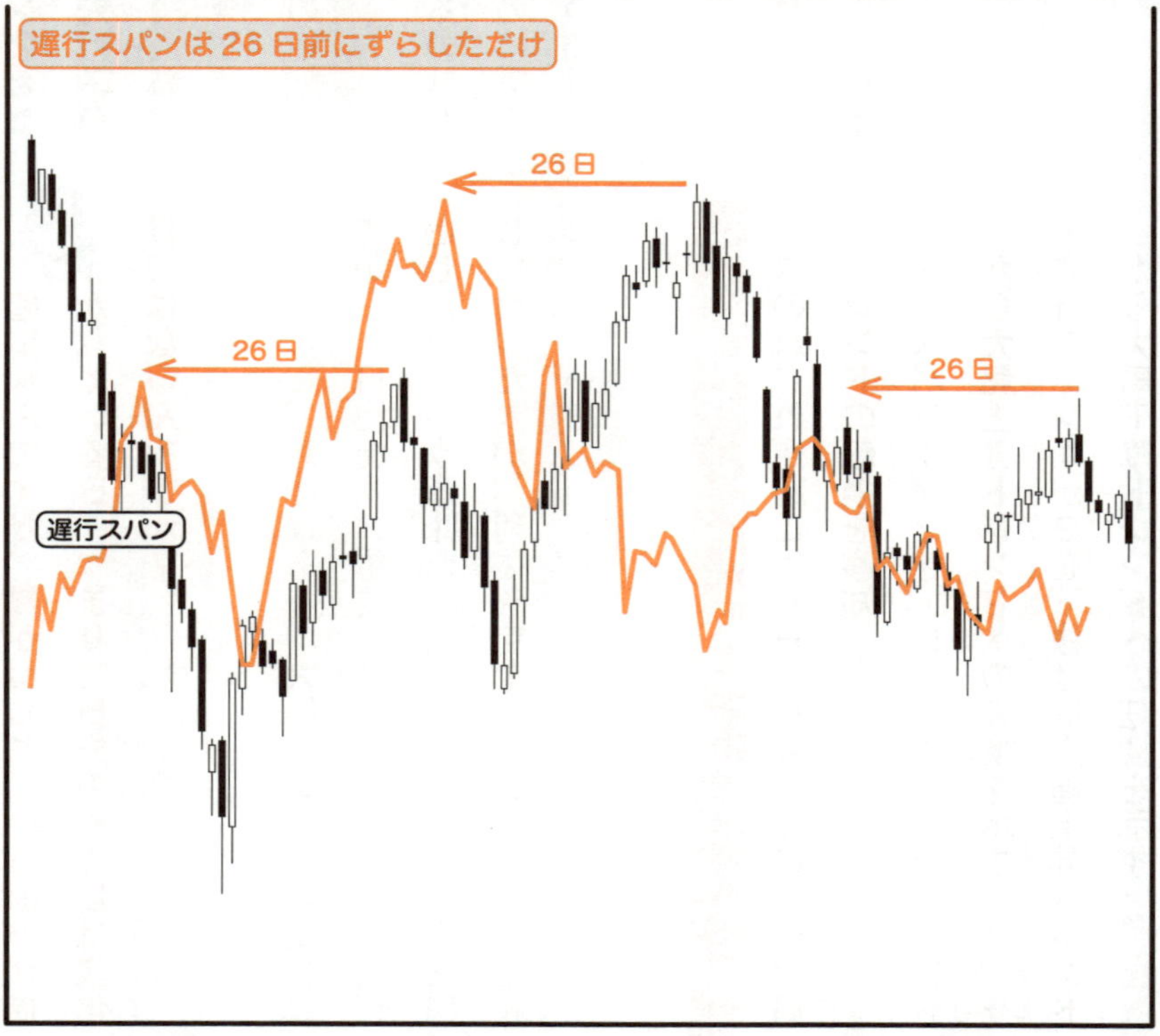

難しいものはない。その中でも遅行スパンは一番簡単だね。

我々はどうしても複雑なものが素晴らしいもの、シンプルなものは大したことないと思いがちだけれど、そうではないんだ。

ずらしただけの線だけれども、とても重要なんですよね。

一目山人氏は原著の中で、「遅行スパンだけは断じてゆるがせにできない」とまでいっているしね。

「26」の秘密

「26」という数字には、なにかあるんでしょうか？　26って、きりの悪い数字に思えるんですけど。

きりが悪いかい？

10や20みたいにきりがいい数字に対して、26って中途半端な感じがします。

ああ、そういう意味では確かに秘密が隠されているね。遅行スパンも先行スパンもきりのいい数字でできている。

一目均衡表の各線の計算のときに、「当日を含めて〇日」という注釈が付いているね？

一目均衡表以外でそんな注釈が付いているテクニカルチャートを見たことがあるかい？

いえ、ありません。

そうだよね。じゃあ、「当日を含めないで」計算してごらん。遅行スパンの計算式はどうなる？

えーと、「終値を25日前にずらして描画」……。あっ！

先行スパンも同様だ（図59）。先行スパン2は「52日間の中心値を25日後にずらして描画」した線となる。だから一目均衡表の計算式はこう置き換えられるんだ。

遅行スパンの計算式

- **終値を25日前にずらして描画**

図59　先行スパンの範囲

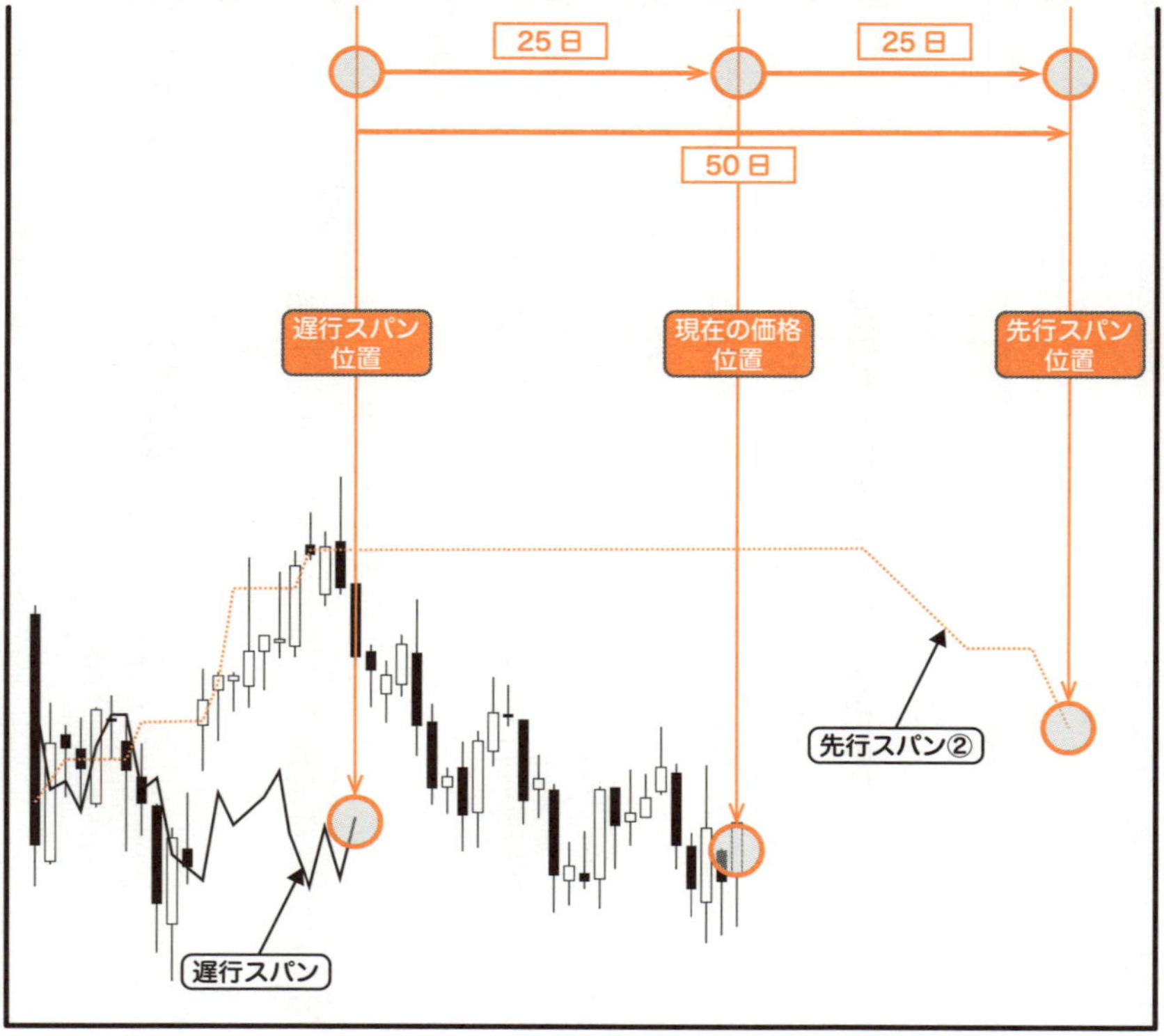

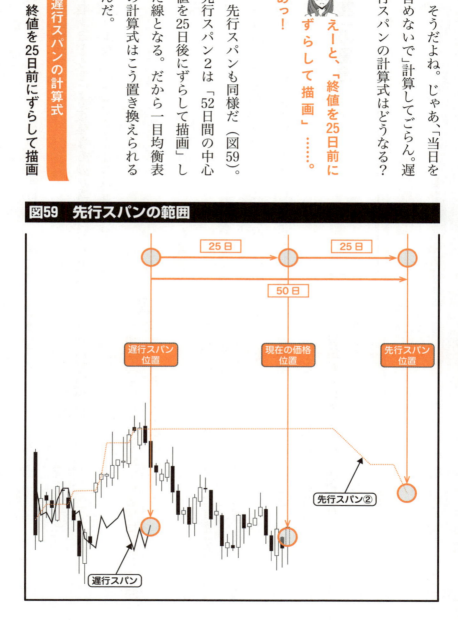

先行スパン1の計算式

- （基準線＋転換線）÷２を25日将来にずらして描画

先行スパン2の計算式

- （52日間の高値＋安値）÷２を25日将来にずらして描画

※当日を含めない

こちらの方が実は一般的には理解しやすい。つまり遅行スパンは、終値を25日過去にずらして描画したものということなんだ。

なるほど～。納得です！

遅行スパンと価格、先行スパンの関係は、遅行スパンの位置を基準に見ると25日後、50日後となる。

遅行スパンと価格と先行スパンの関係

- 価格は遅行スパンの25日後
- 先行スパンは遅行スパンの50日後

遅行スパンの本質

では、遅行スパンの本質を話そう。遅行スパンの本質は25日前の価格と現在の価格を比較するということ（図60）。

それは価格線（ローソク足）の側からいえば25日後の価格との比較になりますね。

そうだね。価格線の位置に描かれる遅行スパンは25日後のものだからね。
じゃあ、遅行スパンが価格より上にあるということは、どういうことを示しているかな？

そのとき買った人は25日後儲かっているということ……ですか？

そうだ！　逆に売っている人は損をしている。
では、遅行スパンが価格より下にあるということは？

そのとき買った人は25日後損をしている。そのとき売った人は25日後儲かっている

図60　遅行スパンの本質

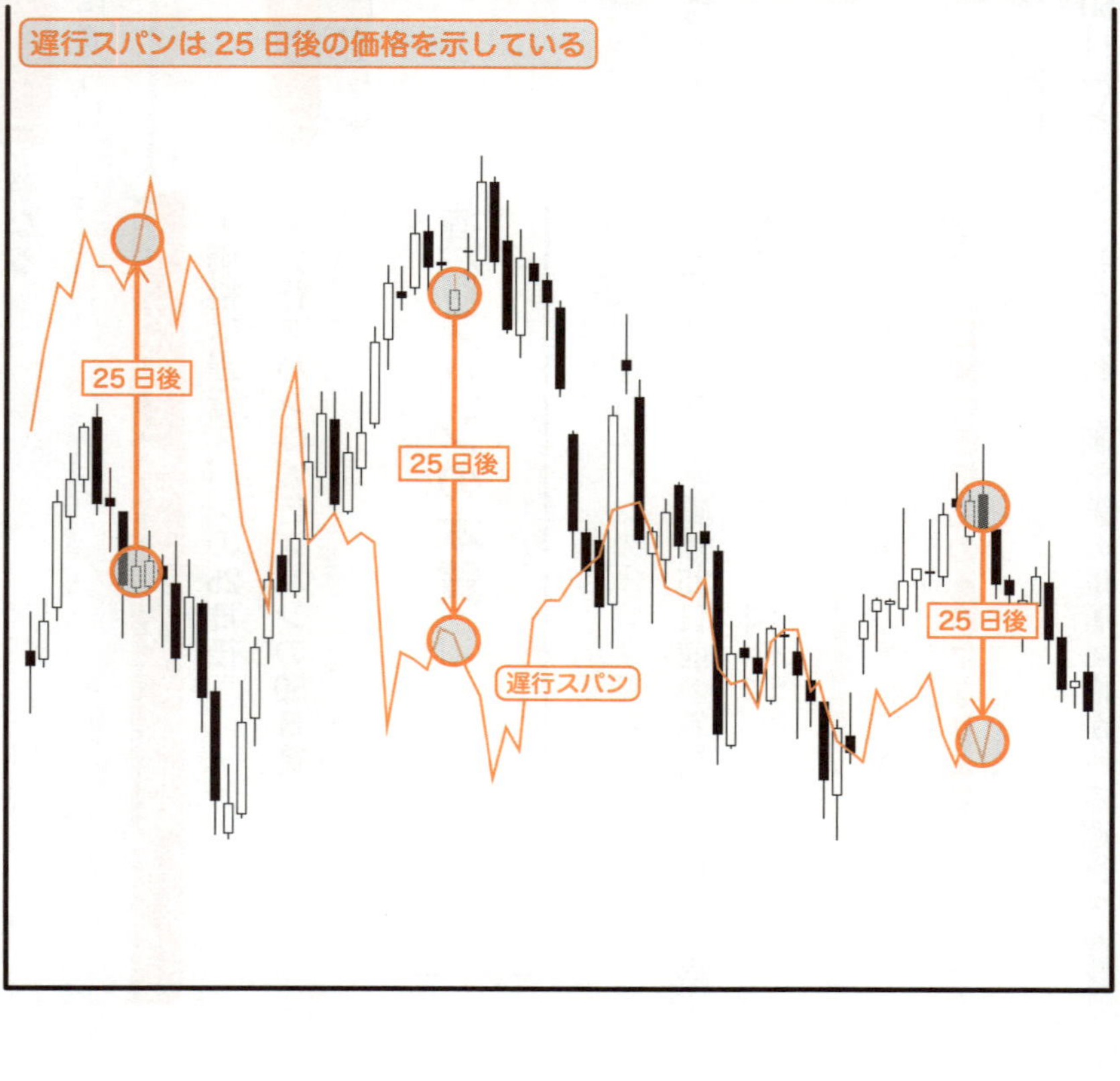

ということ。

そういうことだね。

遅行スパンの本質

- **遅行スパンが価格の上にある＝そのとき買った人は25日後儲かっている**
- **遅行スパンが価格の下にある＝そのとき買った人は25日後損している**

※売った人はこの逆

つまり、遅行スパンが価格の上にある時期が買い方が優勢な時期、遅行スパンが価格の下にある時期が売り方優勢な時期ということだ。

わかるね？

はい♪

遅行スパンの好転・逆転とは？

ということで、一目均衡表の有名な買いシグナル売りシグナルの1つ「遅行スパンの好転・逆転」につながるわけだ。

さて、あやちゃん「遅行スパンの好転・逆転」とはなんだった？

遅行スパンが価格線（ローソク足）を上抜けることを「遅行スパンの好転」といって買いサインを意味します。

遅行スパンが価格線を下抜けることを「遅行スパンの逆転」といって売りサインを意味します。

うん。ちゃんと合っているよ。

遅行スパンの好転・逆転

- **遅行スパンの好転→遅行スパンが価格線を下から上にクロスすること。買いサインの１つ**
- **遅行スパンの逆転→遅行スパンが価格線を上から下にクロスすること。売りサインの１つ**

※価格線とはローソク足のこと

続いて理解してほしいことは３つの好転の順序。もちろん、相場展開によってこの順序は入れ替わることがあるが、基本的な順番だけはきちんと覚えておいてほしい。

底を打って価格が上昇しだすと、まず、均衡表の好転があり、続いて遅行スパンの好転があり、最後に価格が雲を抜けて、三役好転という順番ですね。

そうだ。例えば、「均衡表の好転」と「遅行スパンの好転」２つの買いシグナルのどちらが先に出現するのが基本か、こういったことはいくらチャートを見ていてもなかなかわからない。似たような場所で出てくるからね。

ただ、図61の三役好転図をきちんと頭に入れておけば、基本は**「均衡表の好転」→「遅行スパンの好転」**だとわかる。

遅行スパンの好転（逆転）の注意ポイントは、遅行スパンの好転（逆転）はチャート上に描かれる位置と実際にそれが起こっている日に**26日間のずれがあること。**価格が上昇すると、それにともない遅行スパンが上昇し、やがてローソク足を超えて**「遅行スパンの好転」**となる。けれど、遅行スパンは（本日を含めて）26日前に描かれている。だから、描かれている日と実際に好転があった日にずれが発生するんだ。

この順番を理解しておくことが非常に重要だよ。

順番が入れ替わったことで安定した相場展開とは違う状況にあることが読めるから、ですよね。

えらいぞ！ あやちゃん。そのとおり！ 順番だけでなく、底打ちしてからどれくらいの時間的経過でそれが起こるのが基本かも頭に入れておくといいね。

図61 三役好転図

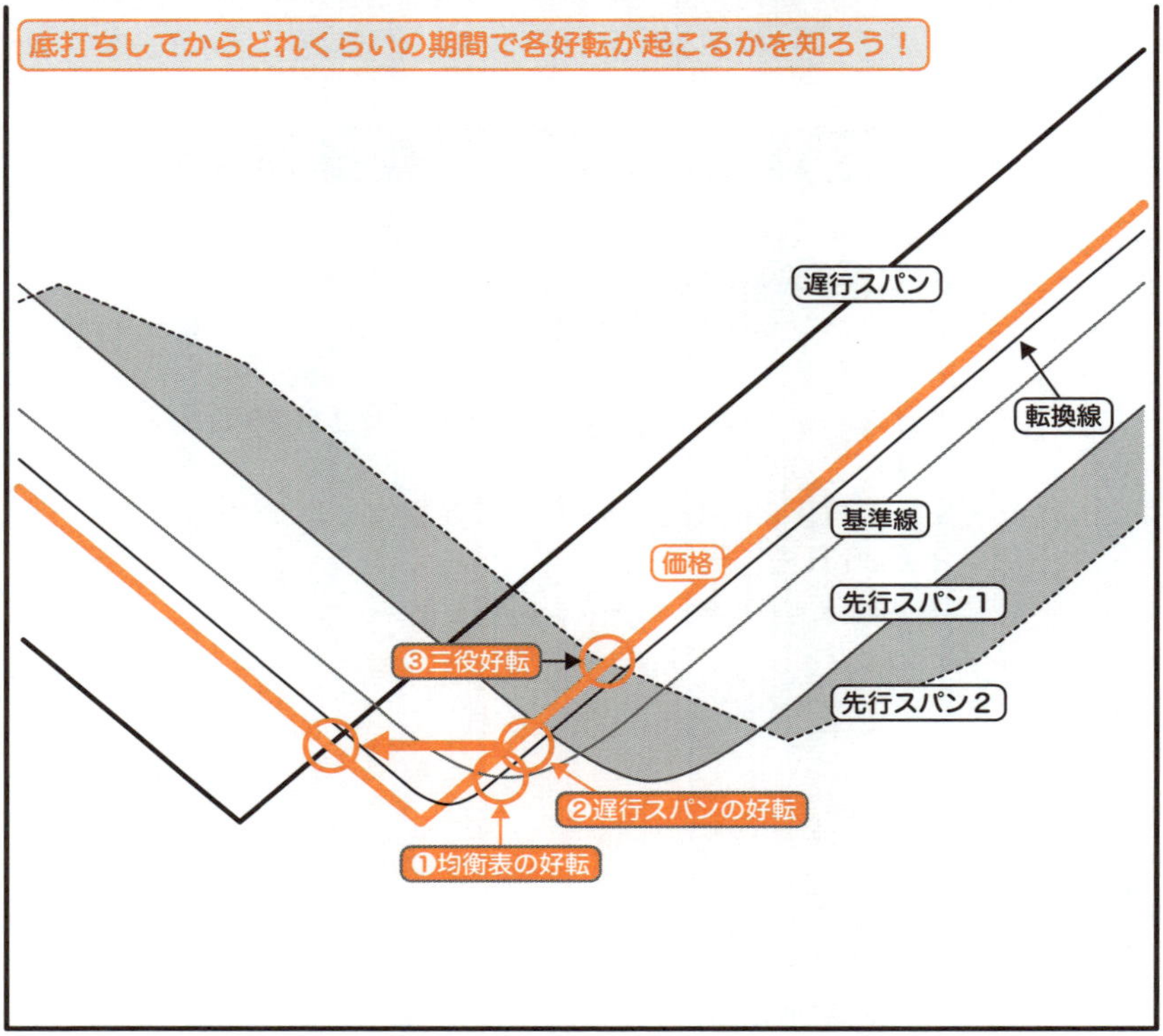

遅行スパンのポイント

- 遅行スパンが価格の上にある＝そのとき買った人は25 日後儲かっている
- 遅行スパンが価格の下にある＝そのとき買った人は25 日後損している

※売った人はこの逆

各線の計算式

- 転換線＝（過去９日間の最高値＋最安値）÷２
- 基準線＝（過去 26 日間の最高値＋最安値）÷２
- 遅行スパン＝当日の終値を 26 日前のローソク足に描く
- 先行スパン１＝（転換線＋ 基準線）÷２を 26 日先に描く
- 先行スパン２＝（過去 52 日間の最高値＋最安値）÷２を 26 日先に描く

※一目均衡表の日数計算は全て当日を含めた計算

第７章まとめ

転換線のポイント

- 安定した上昇トレンドは価格が転換線の上側に沿って上昇
- 安定した下降トレンドは価格が転換線の下側に沿って下降

基準線のポイント

- 安定した上昇トレンドの押し目と、下降トレンドの戻しは基準線になりやすい
- もみあい相場の中心になりやすい

先行スパン①②（雲）のポイント

- 価格が雲に近づくと跳ね返されやすい（雲が抵抗線・支持線となる）
- 雲の中に入るともみあいになりやすい
- 雲を上に突き抜けると、そのまま大きく上昇。雲を下に突き抜けると、そのまま大きく下落
- 雲が分厚いと跳ね返されやすく、薄いとすぐに突き抜けやすい（雲の厚さが抵抗の強さに通じる）
- 雲のねじれの部分が変化日となる

第７章まとめ

もみあい時の仕掛け方①

❶もみあいの中心を探す。横ばいの線がもみあいの中心となる
※特に基準線がもみあいの中心になりやすい

❷もみあいの中心から上がった分だけ、その後下がる。もみあいの中心から下がった分だけ、その後上がる
❸この性質を利用して仕掛ける
❹仕掛けポイント→天井を確認した時点で売る、底を確認した時点で買う
❺手じまい→上がった分だけ下がったところ（底ゾーン）。下がった分だけ上がったところ（天井ゾーン）

もみあい時の仕掛け方その②／もみあい放れ編

❶もみあい中の基準線と転換線のクロスを探す
❷基準線はほぼ横ばい、横ばいの基準線を転換線が下から上へ、上から下へとクロスを繰り返す
❸クロスした後、短期間で転換線が基準線に向かって動き出す（もみあい継続のサイン）
❹クロスした後、転換線が基準線に向けて戻らず間隔を広げていく（もみあい終了の予兆）
❺基準線が上昇（下降）しだしたら、もみあい放れにつながるサイン

第8章

勝てる投資家は「一目均衡表」をこう使う

トレンドの変化と一目均衡表の動き

一目均衡表の5つの線の並び順を、徹底的に頭にインプットしよう。上昇トレンドがどんどん続くと最終的に**価格と一目均衡表の5つの線の並び順は、上から、価格・転換線・基準線・先行スパン1・先行スパン2となる。**

あれ？　遅行スパンが抜けていますよ。

よく気が付いたね。正しくは遅行スパン・価格・転換線・基準線・先行スパン1・先行スパン2なのだが、遅行スパンは残念ながら、今日の価格のところには表示されない。

（本日を入れて）26日前に表示しているからですね。

だから価格変動に応じて線の並び順がどう変化していくかを見るときには、遅行スパンはちょっとおいておく。

線の並びが**上から価格・転換線・基準線・先行スパン1・先行スパン2**となると、それ以降どんなに価格が上昇しようともう並び順に変化はない。よってこの並び順を**「上昇トレンドの完成形」**と私は呼んでいる。

逆に下降トレンドが続くと最終的には**下から価格・転換線・基準線・先行スパン1・先行スパン2**という並び順になる。そしてこれ以後、どんなに価格が下がろうともう並び順に変化はない。よってこの並び順を**「下降トレンドの完成形」**と呼ぶ。

「完成形」という表現が面白いですね。

どのチャートでも、ある時期「買いの完成形」が出現し、またある時期「売りの完成形」が出現する（図62）。価格変遷は「買いの完成形」から「売りの完成形」、「売りの完成形」から「買いの完成形」への変化の繰り返しと捉えることができる。

でも買いの完成形から売りの完成形に向けて動き出して、途中で再度買いの完成形に戻るということはないんですか？

もちろん。押し目相場などがそういった動きになる。しかし、大きな流れでチャートを見れば買いの完成形から売りの完成形、売りの完成形から買いの完成形という変化を繰り返している。

だとすると、買いの完成形、売りの完成形以外の時期は移行する途中過程と捉えることができるんだ。

なるほど。

図63は何度か登場した一目均衡表基本図。売り時代から買い時代へと変化していく。その変化の過程は以下のとおりだ。

売り時代から買い時代への変化

①価格が転換線を上抜ける
②価格が基準線を上抜ける
③転換線が基準線を上抜ける（均衡表の好転）
④遅行スパンが価格線を上抜ける（遅行スパンの好転）
⑤価格が雲に突入
⑥先行スパン1が先行スパン2を上抜ける（雲

図62　買いの完成形から売りの完成形へ

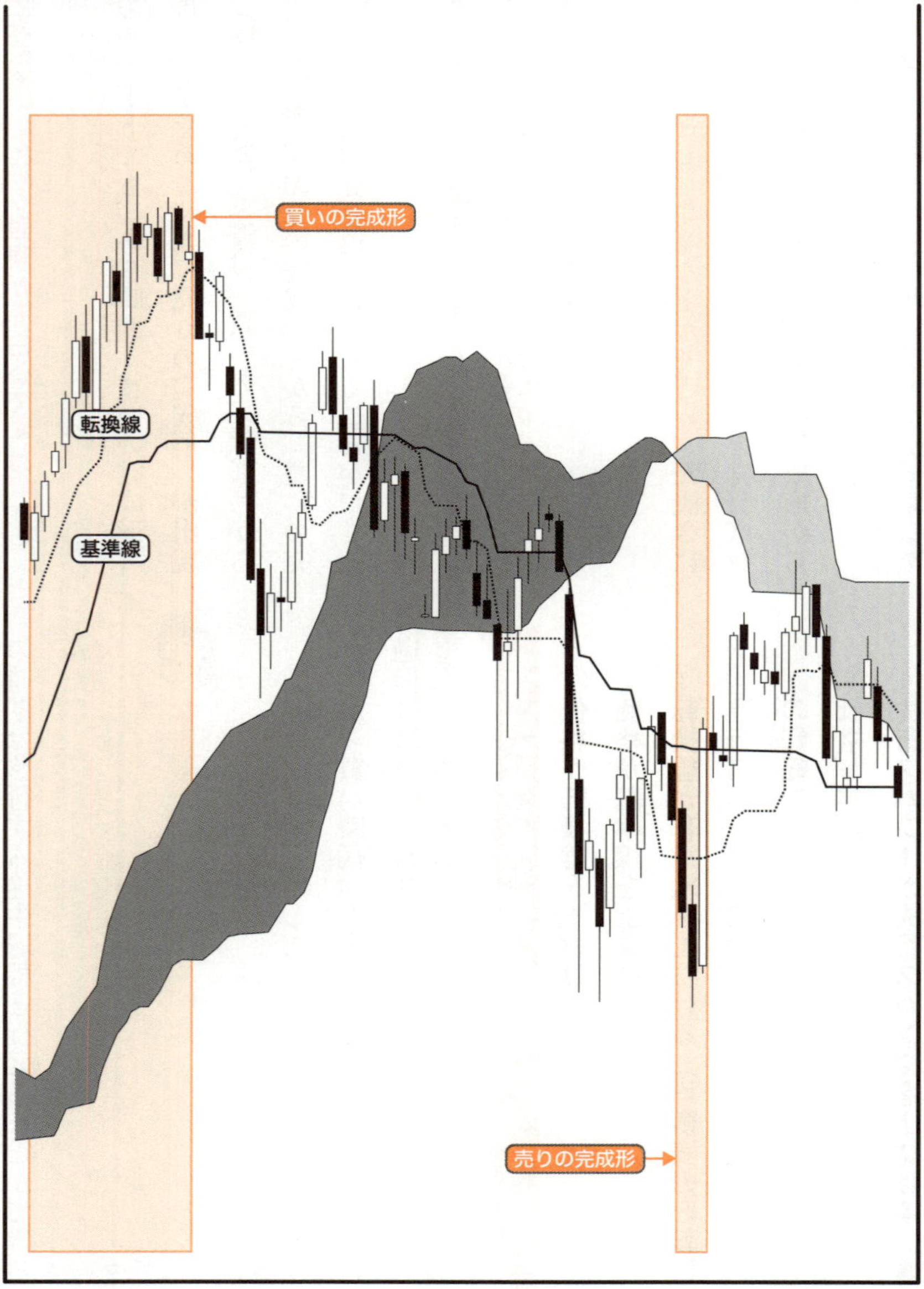

のねじれ）
⑦価格が雲を突き抜ける（三役好転）
⑧転換線が雲を突き抜ける
⑨基準線が雲を突き抜ける
⑩線の並び順が買い方の完成形となる（上から価格・転換線・基準線・先行スパン1・先行スパン2となる）

これを知っていれば現在が売り時代から買い時代への変化の中でどの段階かということがすぐにわかるわけですね。

そういうことだね。⑩の買い

図63　一目均衡表基本図

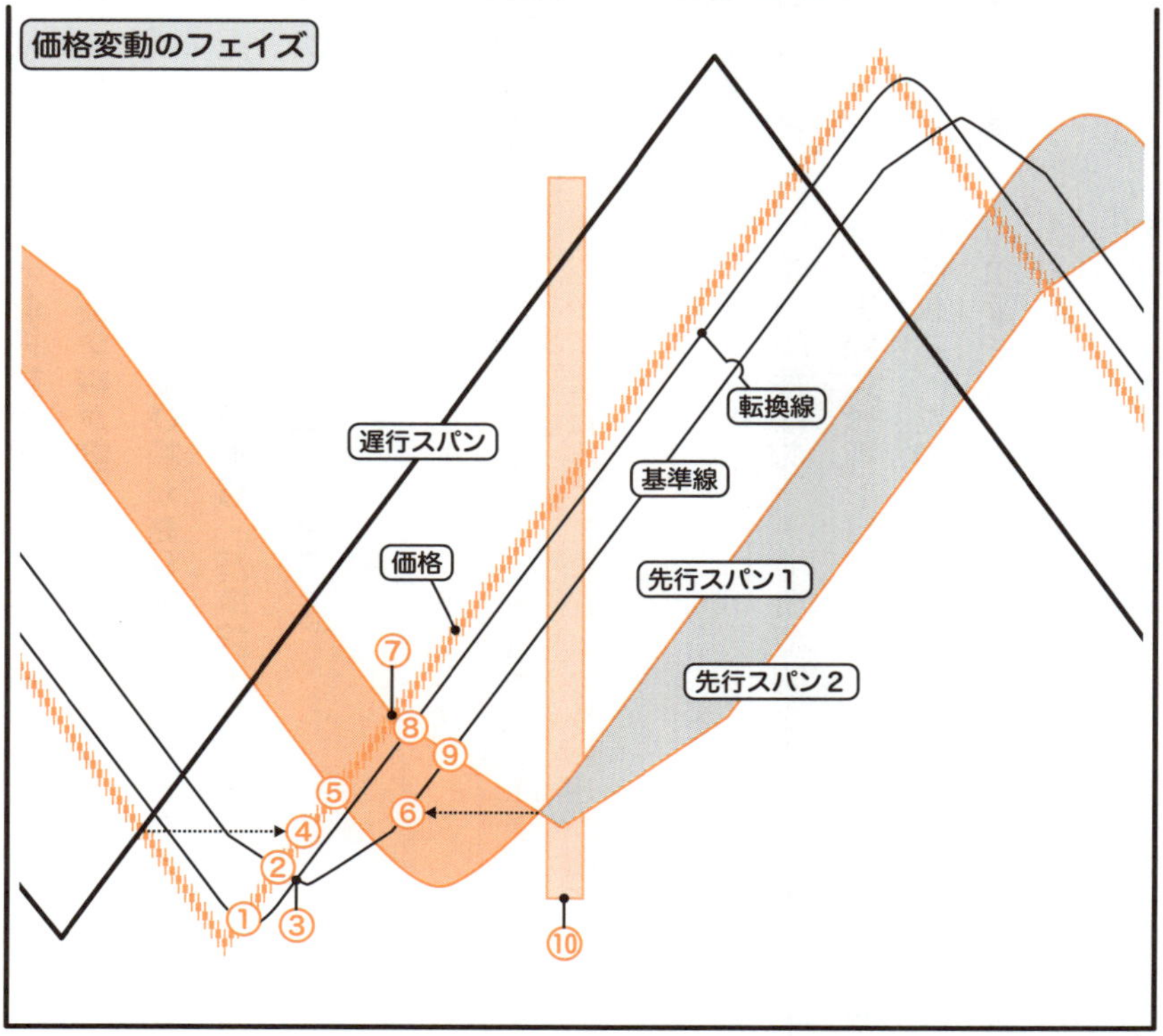

方の完成形になれば、それから後はどんなに価格が上昇しても並び順は変わらない。完全な買い時代。

しかし、その買い時代もやがて終わり、売り時代へ変化していく。その変化の過程は以下のとおりだ。

買い時代から売り時代への変化

①価格が転換線を下抜ける
②価格が基準線を下抜ける
③転換線が基準線を下抜ける（均衡表の逆転）
④遅行スパンが価格線を下抜ける（遅行スパンの逆転）
⑤価格が雲に突入
⑥先行スパン1が先行スパン2を下抜ける（雲のねじれ）
⑦価格が雲を下に突き抜ける（三役逆転）
⑧転換線が雲を下に突き抜ける
⑨基準線が雲を下に突き抜ける
⑩線の並び順が売り方の完成形となる（下から価格・転換線・基準線・先行スパン1・先行スパン2となる）

でも、必ずこういう順番で推移するわけではないんですよね。順番が前後したり、途中まで行ってまた戻ってなどという動きが出てきますよね。

この順番はあくまで典型的な動きの基本パターン。実際には押し目・戻し・もみあいなどで順番が乱れる。だが、正しい順番を理解しておくと、その順番どおり推移しているときと、順番どおりでない動きをしているときで、トレンドの強さを識別できるのだよ。

なるほど。順番どおりの展開をしている方がトレンドは安定しているに決まっていますよね。

そういうことだね。

売り時代から買い時代への10のフェイズ

もう少し詳しく解説してみよう。

フェイズ1、価格が転換線を上抜ける序盤戦。今まで売り一色だったのが、短期勢力が買い方有利に変わったということだが、ここではまだ売り方は微塵も心配は要らない。

なぜなら、価格と転換線はしょっちゅうクロスしている。一度クロスしてもすぐに元に戻ることが多いんだ。特に基準線で跳ね返されるというのがあや戻し（一時的な戻し）の典型パターン。ということは、基準線を超えるまではびくびくしてはいけないよね。

まだまだ序盤の小競り合い、大局に影響なし。買い方にとってもここで買いを仕掛けるのはまだ早すぎる。

序盤の小競り合い。わかりやすい説明ですね。

フェイズ2、価格が基準線を上抜ける。中盤戦の始まり。

短期勢力について中期勢力まで買い方有利に変わったということ。売り方としては少しずつ心配になってくる。ということは手じまいを検討しはじめる時期なんだ。

買い方としては買いを検討する時期。でも仕掛けるにはまだ早い。

仕掛けるとしたら試し玉程度だね。

フェイズ3は、均衡表の好転。

フェイズ2、3、4の3つが時期的にくっついていることを確認しよう。トレンドが下降トレンドから上昇トレンドへと変化したという1つの印。売りを手じまう時期であるし、買いを仕掛ける時期。

ただ、気持ち早めの仕掛けとなるので、騙しに気を付けよう。

もみあい相場の中の均衡表の好転は参考にとどめ、売買シグナルとしてはいけない。

フェイズ4は、遅行スパンの好転。中盤戦の最終決戦だ。

26日前に買った人たちがマイナスからプラスに転じたということ。これにより買い方と売り方のムードが逆転する。買い方は盛り上がり、売り方は気落ちする。

この2、3、4で買い方が勝てば、大勝利を収めるということですね。

そのとおり、ただ、この2、3、4のフェイズ、順調にいけばあっという間に駆け抜けるのだが、ちょっともたつくと時間がかかる。2、3、4のフェイズで時間がかかること自体が買い方と売り方の戦いが激しく、そう簡単に決着がつかないことを示す。そして、時間が長引けばもみあい入りしている可能性も検討しなければいけない。

2、3、4の時期が仕掛け時だということはわかりましたが、なぜ、3つに分かれているのですか?

ナイス質問。トレンドをしっかりと取るためには、ここら辺で仕掛けていかないと遅すぎる。しかし、ここら辺の仕掛けは早い仕掛けなので騙しも多い。その騙しを軽減するために3つの視点から分析していると思えばいい。あや戻しにもっともなりやすい基準線を超えて、均衡表が好転したところで仕掛ける。その後、遅行スパンが好転してくると仕掛けが成功した証拠となる。均衡表の好転で仕掛けても遅行スパンが好転しない場合は騙しの可能性が高いのですぐに手じまうのだ。

なるほど。遅行スパンが検証に使えるわけですね。

そういうこと。図64を見てごらん。価格が下がって底を打ち、均衡表の好転が起こった。だが、その後遅行スパンの好転が見られなかった。騙しのサインだ。すると案の定、価格は上昇することなく下降している。

このあたりが一目均衡表のすごいところですね。重要な買いポイントをいろいろな角度から分析しているんですね。

そういうことだ。

続いてフェイズ5、価格が雲に突入。勝った買い方はいよいよ雲に一直線。そして入り口を打ち破ったというのがこの段階。

一番むずかしいところなんですよね。

そうだね。だから、この先行スパン1で跳ね返されるというパターンがよくある。

でも、先行スパンーを突き破ったわけですから、第一関門は突破したということですよね。

そうだ。ただし、雲の中で乱戦が始まるんだ。

雲の中でもみあいが起こる……ということですね。

そうだ。そして雲が薄いとすぐ打ち破れる。

しかし、大きな雲はそう簡単には打ち破れない。

わかりやすいですね。

フェイズ6は、「雲のねじれ」だ。前に勉強したね。大局トレンドの転換を示す。

雲のねじれは、価格が雲の中

図64　価格変動のフェイズ

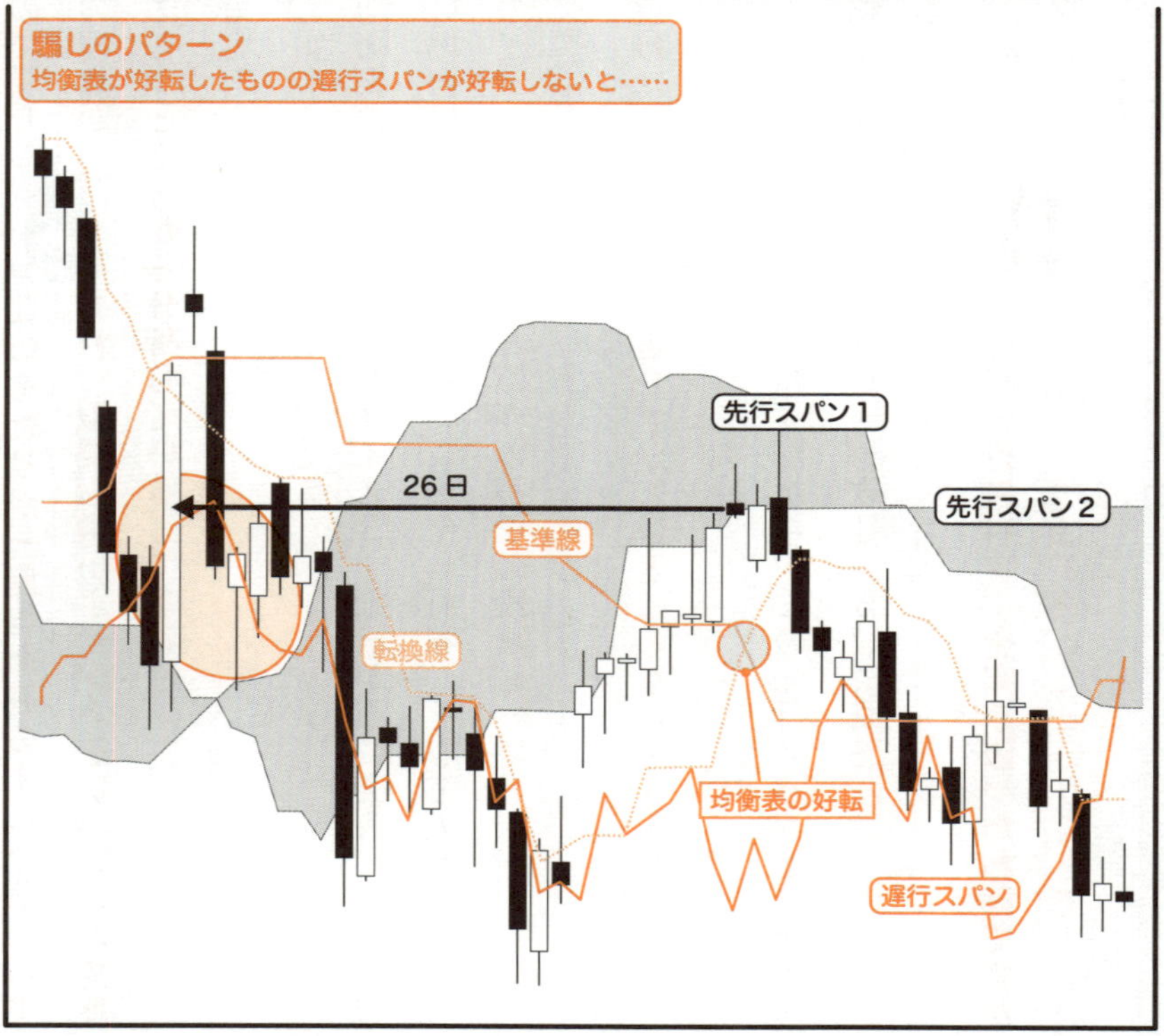

にいるときに起こる。これを知っている人は少ない。もちろん、価格変動には特殊ケースがよくあるから絶対ではない。

しかし、通常の値動きのとき、（本日を含めて）26日先に描かれた雲がねじれているとき、価格は雲の中にある。

チャートで検証してみてごらん。相当高い確率で実証されるはずだ。

図64「価格変動のフェイズ」を見ると明らかですね。雲のほぼ中央あたりにいますね。「雲がねじれているとき、価格は雲の中」ですね。

そして、フェイズ7で価格が雲を突き抜ける。これが三役好転。三役好転とは均衡表の好転・遅行スパンの好転・価格が雲を上抜けるという3つだが、一目均衡表基本図を知り尽くしている使い手にとっては、均衡表の好転と遅行スパンの好転はいずれも早いシグナルであり、三役好転は遅いシグナルであることを知っている。

こういったトレンドの中での出現時期を理解していなければならないんですね。三役好転は遅いシグナルなんですか……。

一番有名なシグナルなんだけどね。重要なことは、城が落ちたということ。つまり、もし売りを持っていたとして、どんなに我慢しても三役好転してしまえば損切りしなければいけない。

本来はもっと早く手放すべきってことですか。でも、もし持ち続けていた場合も、それ以上は持っていてはダメということですね。

そういうことだね。

「三役好転で買う」ってよく言われているのは間違いですか？

短期も中期も長期も買い方が優勢になったというのが三役好転だから、そこで買うというのは間違いとはいえない。

ただ、既にトレンドの終盤という可能性もあるから注意が必要だね。

でも、そこから大相場に発展する可能性もあるのが三役好転。だから、もし既に買いを持っていたとしたら、そこで手じまうべきではない。持ち続けるべきなんだ。

なるほど。三役好転は大相場への道しるべというわけですね。

最近は三役好転ばかり注目されるので、雲を抜けた瞬間に大きく上昇し、そこで買うと一度雲の上限まで下落するというケースがよくある。だから注意しないといけないよ。

そして、雲の上限に跳ね返されて新たな上昇トレンドを作るというパターン。これもよく見かけるので頭に入れておこうね。

はい。三役好転、要注意ですね！

フェイズ8、9は非常においしいところだけど、上昇トレンドがいつ終了するかわからない。

まだまだ上昇トレンドだよというサインは、「転換線が雲を抜けてくる」「基準線が雲を抜けてくる」という動きなんだ。

どこで終わるかわからないので、転換線の雲

抜け、基準線の雲抜けで、まだまだ上昇が継続するかを確認するわけですね。

そういうこと。

そして、フェイズ10でいよいよ価格がチャート上の雲のねじれのところまで来て、線の並び順が上から価格・転換線・基準線・先行スパン1・先行スパン2となる。「買いの完成形」だ。ここから先はこの形が崩れない限り、買い時代が続く。

実戦のチャート（図65）でも確認してみよう。

実戦のチャートで見るとよくわかります。

上昇トレンドから下降トレンドへの変化はこの逆のパターンになる。

準備構成ってなに？

あと覚えておかなければいけないのは、**価格が底を打って上昇に転じるときにすんなりと上がってはいかない**ということ。

どういう意味ですか？

「天井三日底百日」という言葉があるが、底には底練りという状態がある。

大きなトレンド転換であればあるほど、次のトレンドに移るのに準備期間が必要なんだ。底打ち後、即上昇とはならない。

一目均衡表を使って最高の買い場を見つけるとしたら、一番有効なのは、「準備構成」（図66）を

図65　買いの完成形

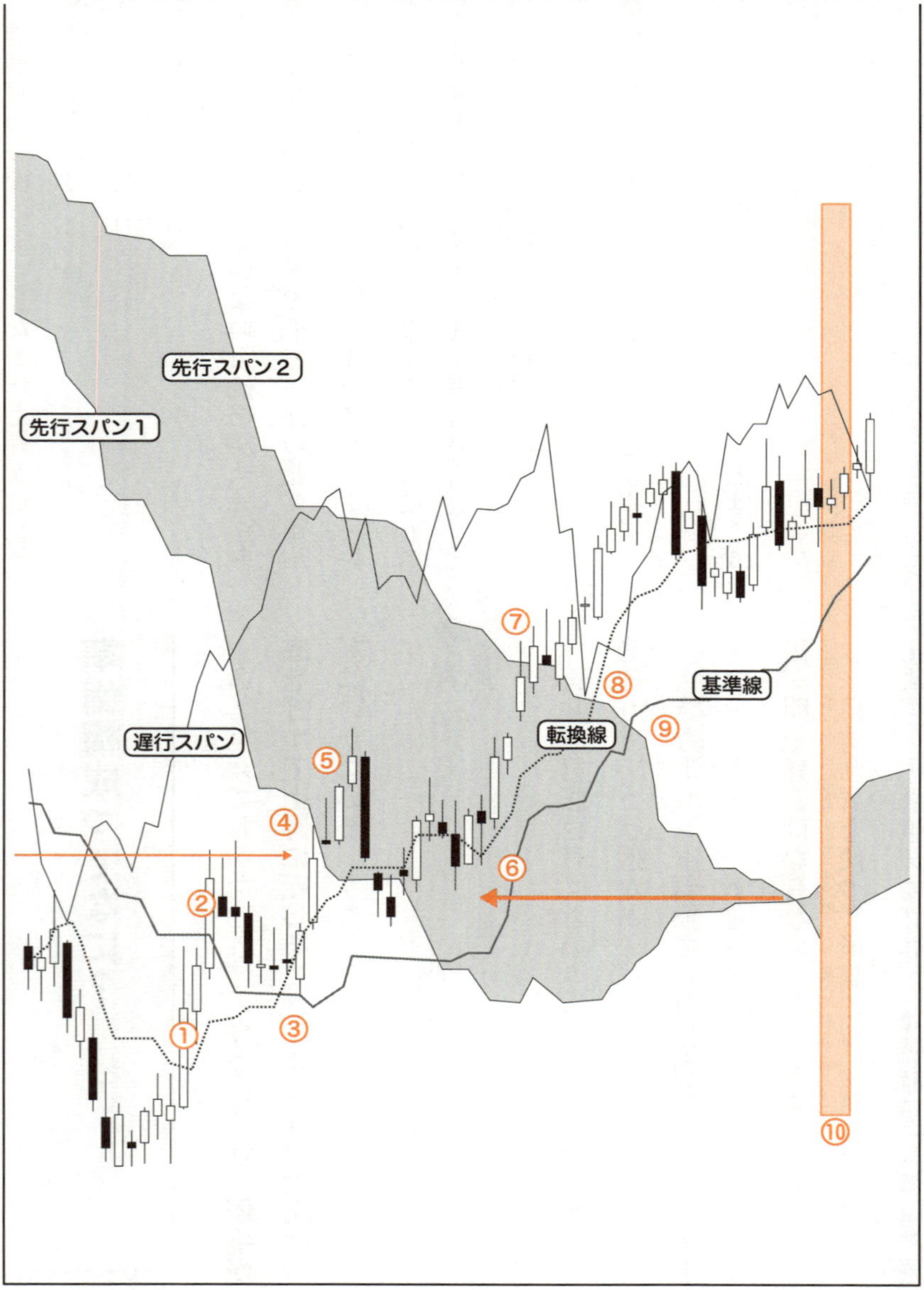

先行スパン2
先行スパン1
⑦
⑧
基準線
転換線
⑨
遅行スパン
⑤
④
⑥
②
③
①
⑩

終えて上昇しつつある銘柄を探すこと。

準備構成ってなんでしょうか？　それも一目均衡表の用語ですか？

そうだよ。準備構成を知らずして一目均衡表は語れないというほどのものだ。

それで、準備構成とはなんですか？

底から数えて26日を基本とするが、日数にはあまりこだわらなくていい。17日、33日、42日などという基本数値になりやすいが、これまた結果論。準備構成とは底から上昇していた価格が一度下落し、前回の安値を下回ることなく、ダブル底（底が2つあるチャート）、時にトリプル底を形成し上昇をはじめることをいう。

図66　準備構成

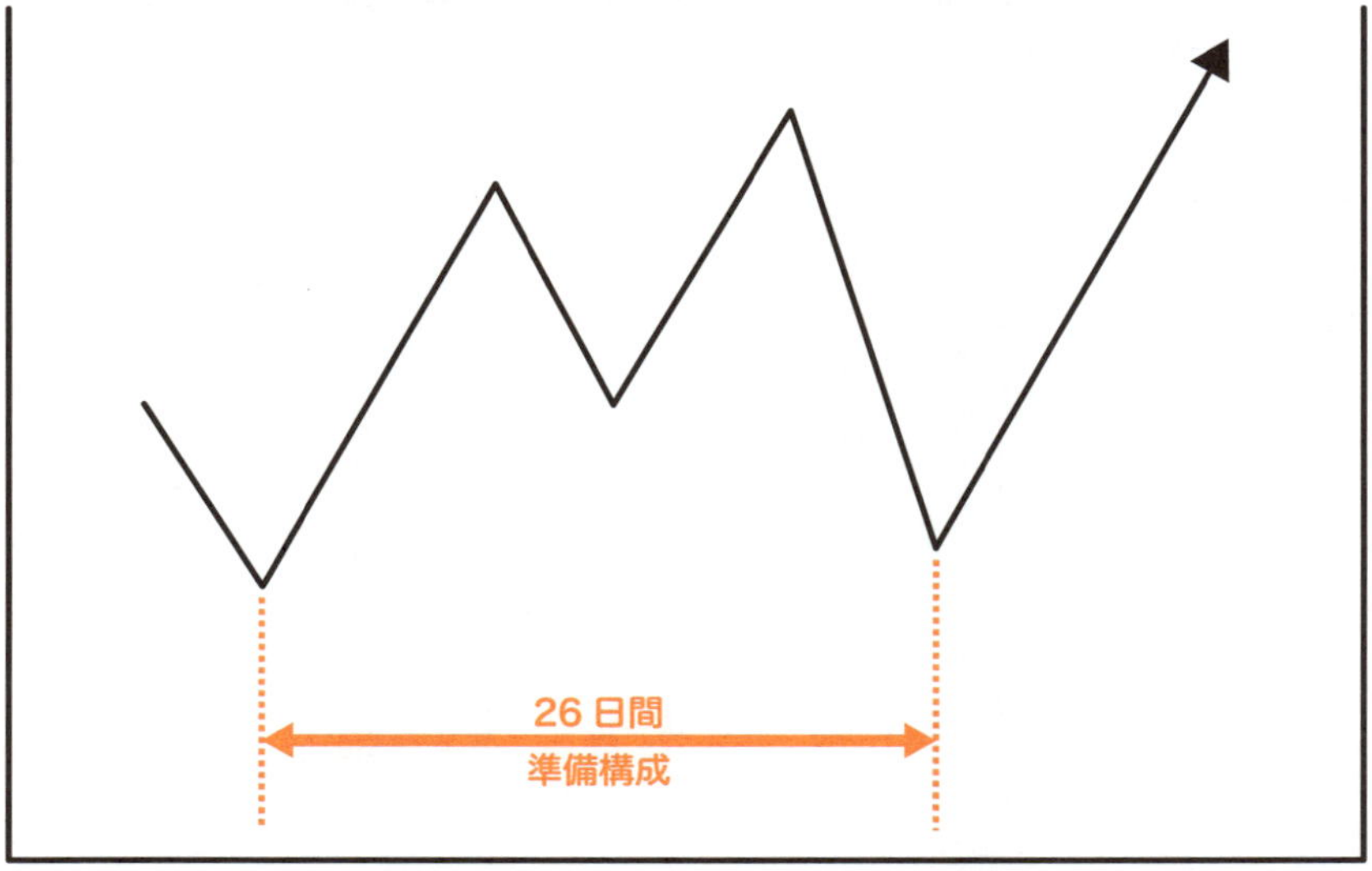

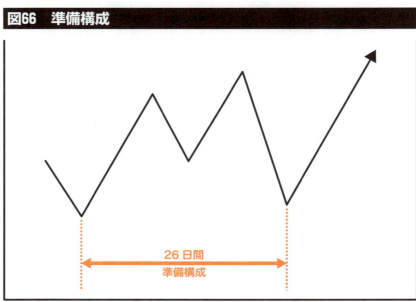

つまり、ダブル底をつけて上昇しはじめる相場が一番信頼できる上げ相場というわけですね。

底打ちから上昇するには相当のエネルギーが必要だし、そのエネルギーを蓄える時間も必要なんだ。それが準備構成だね。

天井圏では準備構成はないんですか？

上昇相場は積み上げ、下降相場は壊れ。壊れは一瞬だから基本的に準備構成はない。だが時折、似たような形を示すことがある。一般的には**準備構成は本格上昇への準備段階**と思えばいいんだよ。

基準線でトレンドを確認する

講師が一目均衡表分析をするときに最初に見るのはどこですか？

5つの線で分析するときは、一番最初に見るのはやはり基準線だね。

トレンドは、基準線で見るんですね。

そういうこと。基準線でわかるのは中期のトレンド。これがトレーダーにとって一番とりたいトレンドだね。

まずはトレンドがあるのかないのかを見極め、あるとしたらどちら向きかを調べる。

もみあい相場だとして、それをもっと確認する方法はないですか？

あるとも。もみあい相場になると一目均衡表の5つの線（遅行スパン除く）は、次第に横ばい状態となり、各線がくっついていくことになる（図67）。それを見るようにするといいよ。

短期・中期・長期の均衡を確認する

続いて、転換線・基準線・先行スパン2と価格を比較する。これにより短期・中期・長期の買い方と売り方の勢力状態がわかるわけだね。

転換線より上に価格があれば、短期は買い勢力が優勢。基準線より下に価格があれば、中期は売り勢力が優勢という見方ですね。そして、長期は先行スパン2と比較するんでしょうか？

そうだ。そのときポイントは26日先の先行スパン2と比較するということだよ。

26日先の先行スパン2ですね。

遅行スパンでトレーダーの損益状況を確認する

次に何を見ればいいですか？

次に見るのが、遅行スパンだ。遅行スパンは価格線（ローソク足）との位置関係を見る。

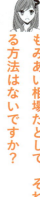

図67　もみあい相場の確認

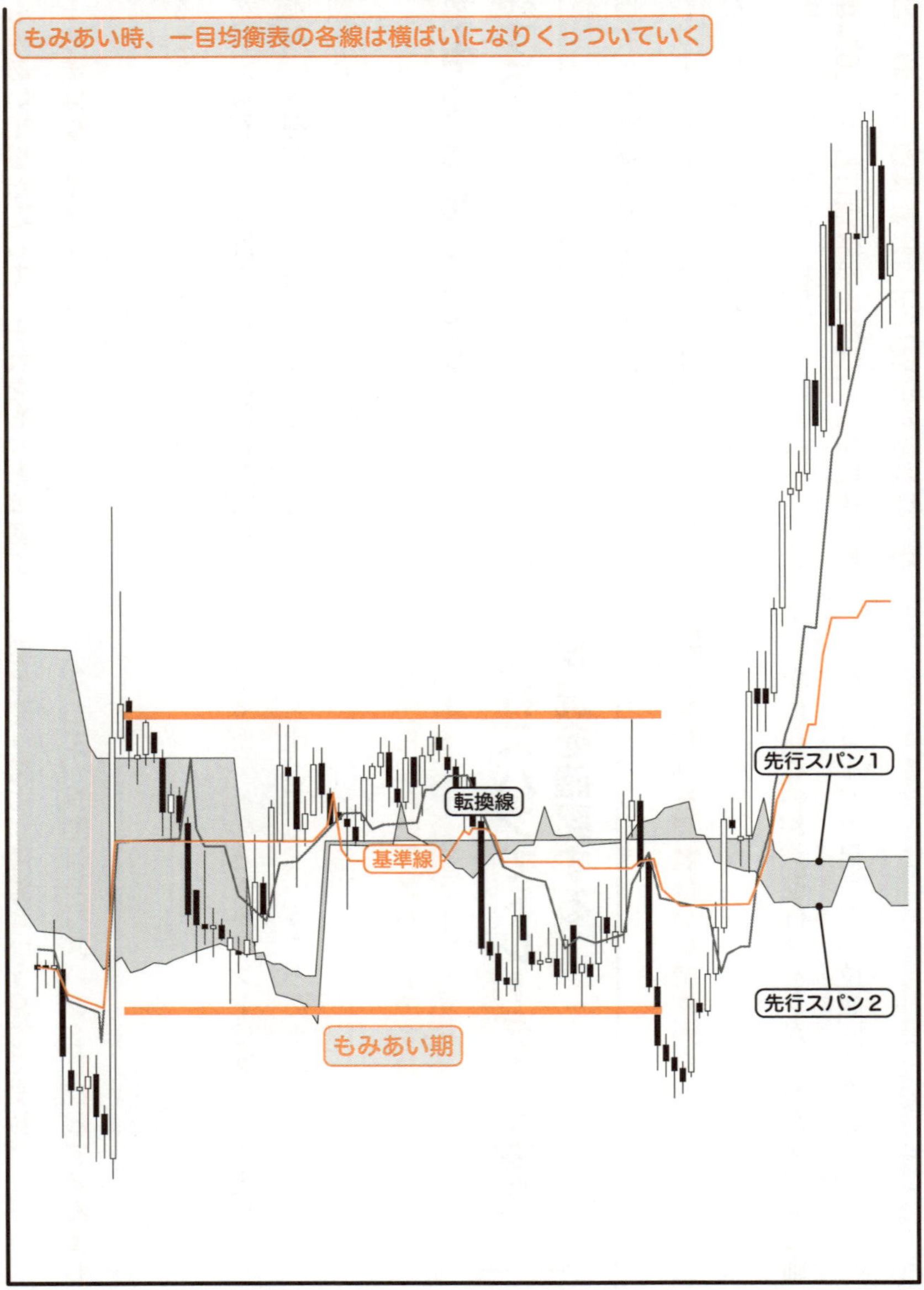

それが26日前に買った人の損益を表しているんでしたね。

本日を入れて26日前。だから一般的ないい方では25日前になることは既に説明したよね。

混乱してしまうので、26日といいますね。遅行スパンが価格より上にあれば26日前に買った人は利益。遅行スパンが価格より下にあれば26日前に買った人は損失ということですね。

それを見ると同時に損失なら損失、利益なら利益で、その額が増えているのか減っているのかを確認してほしい。

その額が損失から利益に変わるのが遅行スパンの好転、その額が利益から損失に変わるのが遅行スパンの逆転だ。

現在の相場の段階を探る

次はいよいよ、相場の段階を見てみよう。

段階ってなんですか?

段階っていうのは、次の表を参照してほしい。

売り時代から買い時代への10のフェイズ

❶価格が転換線を上抜ける
❷価格が基準線を上抜ける
❸転換線が基準線を上抜ける（均衡表の好転）
❹遅行スパンが価格線を上抜ける（遅行スパンの好転）
❺価格が雲に突入

❻先行スパン1が先行スパン2を上抜ける（雲のねじれ）
❼価格が雲を突き抜ける（三役好転）
❽転換線が雲を突き抜ける
❾基準線が雲を突き抜ける
❿線の並び順が買い方の完成形となる（上から価格・転換線・基準線・先行スパン1・先行スパン2となる）

買い時代から売り時代への10のフェイズ

❶価格が転換線を下抜ける
❷価格が基準線を下抜ける
❸転換線が基準線を下抜ける（均衡表の逆転）
❹遅行スパンが価格線を下抜ける（遅行スパンの逆転）
❺価格が雲に突入
❻先行スパン1が先行スパン2を下抜ける（雲のねじれ）
❼価格が雲を下に突き抜ける（三役逆転）
❽転換線が雲を下に突き抜ける
❾基準線が雲を下に突き抜ける
❿線の並び順が売り方の完成形となる（下から価格・転換線・基準線・先行スパン1・先行スパン2となる）

トレンドがしっかりとしていれば、この順番で動くんだ。この基本を知っておくことは大切なんだよ。

そして、この順番で動かなければ動かないほど、それはトレンドが不安定な証拠となる。

①から⑩へ向かって進行するはずが、④まで行ってまた②まで戻って、再度⑩に向かって再挑戦なんていうことがよくある。それを見るだけで、トレンドがどの程度勢いをもっているかがわかる。

そしてポイントは、大相場は買いの完成形、売りの完成形が長続きする相場展開だよ。

なるほど、買いの完成形や売りの完成形になったからといって、すぐに反転すると思ってはいけないわけですね。

そこからが相場の一番おいしいところ。だから買いの完成形、売りの完成形になったからといってすぐに手じまいしてはいけない。そこからのおいしい部分をしっかりと取るんだよ。

トレンドがある状態で雲を抜けた、いわゆる三役好転・三役逆転状態ということですか？

そのとおりだよ。

でも、三役好転ですぐ終わってしまう相場もありますよね？

それはある。でも、だからといって、大相場になる可能性があるものをあっさりと自分であきらめてはいけない。相場で本当の意味で勝ち組になるためのテーマは大相場をしっかりと取れるかということだ。

なるほどですね。勉強になります。

ということで、現在の段階を確認することが大切という話。この段階の中に「均衡表の好転」「遅行スパンの好転」「三役好転」なども入る。「均衡表が好転したから買い」などと短絡的な判断をせずに、トレンド変化を段階を追って把握して、「現在、買い方が明確に優勢になったので買いを作る」

という考え方が大事だね。

もみあい相場でも使える一目均衡表

もみあい相場だったらもみあい相場用の使い方に切り替えていけばいいんですね。

そのとおり。そこら辺が実に優秀なテクニカル指標だ。もみあい時の特徴は5つの線が横ばいになりくっついていくことだ。

確かに横ばいになって、くっついていってますよね。

まず、完全な横ばいになるのが、基準線と先行スパン2、転換線は基準線を中心に細かく上がったり下がったりを繰り返す。先行スパン1は先行スパン2を中心に細かく上がったり下がったりを繰り返す。遅行スパンは別物。

確かにそうですね。

つまりもみあいの中心を表すのは基準線と先行スパン2、ここに特に注目だ。価格変動がもみあいに入ると、まず基準線が横ばいになっていく。その後、もみあいが長期化すると先行スパン2が横ばいになっていく。つまり先行スパン2が横ばいになるということは、もみあいが長期化している証拠。

なるほど、そういうこともわかるんですね。

「基準線は短期間のもみあいの中心」、「先行スパ

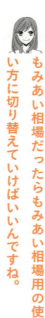

ン2は長期間のもみあいの中心」を示す。もみあいが長く続くとき、ほぼ基準線と先行スパン2は同じ価格で横ばいになることが多い。

つまり、2つの線がピッタリ重なってしまうという現象が起こるんだ。

これは長期間もみあいの中心が変化していないということ。本当に売り方と買い方の勢いが均衡という状態を示しているんだ。

ところが、ときどき両線とも横ばいながら、位置が微妙に違うことがある。

横ばいでありながら、基準線が先行スパン2よりも上だったり下だったりということですか？

あやちゃん、かなり理解してきたね。そういうことだ。

これは、長期トレンドのもみあいと短期トレンドのもみあいの中心が違うということ。

もみあい状態はもみあい状態でも、水準を変えていることがわかる。

もみあい放れを予兆することになるんでしょうか。

その通り！　大事なことは、**中心がわかればその中心より上がった分だけその後下がり、下がった分だけその後上がる**というのが、もみあいが継続するための条件ということ。

この状態を維持している間は、**もみあいの上限で売り、下限で買えばいい**ことになるよね。

ただし、もみあい相場もいつか終わる。もみあい放れをいち早く見つけることに全力集中してもみあい放れをとる。もみあい相場が長ければ長いほど、放れたときのトレンドは大きくなるといわれている。

通常、もみあい放れはどう判断する？

それは……、もみあいの上限を超えたら上放れ、下限を超えたら下放れる、ということですよね。

そうなんだ。でも、それではもみあい放れの発見が極めて遅くなってしまう。でも、一目均衡表ではもみあいの中心がわかる。これを利用しない手はないよね。

まずは、チャートのもみあいの中心を見つけるんだ。基準線がもみあいの中心として働いた場合、その基準線を中心に上に上がった分、次は下に下がり、下に下がった分、次は上に上がる。

ところがもみあい放れの直前にはそれが崩れる。上がった分だけ下がらないとしたらそれは上放れの予兆。下がった分だけ上がらないとしたら、それは下放れの予兆なんだ。

例えば、もみあいの最後で上がった分だけ下がらず、もみあいの中心（基準線）をステップにして上へ放れている場合。本来ならそこから下へ下がっていかなくてはいけないのに、基準線のところから上げはじめると、それが、もみあい放れの大きな予兆になるんだ。

なるほど、よくわかりました！　もみあいもわかったことだし、これで5線の分析も終わりですね。

いや、まだまだだよ。

え!?　まだあるんですか？

もし、あやちゃんが日足チャートで分析をしてトレードをする場合は、この分析が終わった後に週足で同じ分析を、もう一度やり直してみなさい。

1時間足でトレードしていたなら、4時間足で分析し直す。

一回り期間が長いチャートで見ると全然違った見方になることがあるんだよ。その大局をしっかりと頭において、自分がトレードに使用しているサインを補正することができるんだ。

なるほどですね。

以上、一目均衡表の5つの線による分析法を徹底解説した。これで相当使えるようになったと思う。しかし、一目均衡表はこれだけではない。

更にあるんですか？

一目均衡表は他のテクニカル指標のように、売買シグナルを出すためのものといってしまうにはスケールが大きすぎるんだ。1つの相場理論といっていいほどのものである。

例えば、「波動」「時間（基本数値・対等数値）」「計算値」等がこの上にプラスされる。さらにローソク足の形「型譜」というものまである。

そうなんですか！　早く知りたいです!!　教えてください。

これを全部説明するとなると、もっと日数が必要になる。本にすると数冊分だよ。

だから、また機会を改めよう。

ここまでの理解で十分に、他のどのテクニカル指標より有効に使えるようになったはずだよ。

これまであやちゃんに説明した内容は、一目均衡表の正しい理解に興味を持ってもらえるよう、原著への道筋を作るために説明した意図もあるんだ。

もし、あやちゃんがもっと知りたいと興味をもってくれたのなら、ぜひ一目均衡表の原著を読んでみるといいよ。

原著ですか!!　なかなかハードルが高そうなイメージがありますが、ここまで小次郎講師が教えてくださったんですもん。がんばって読んでみたいと思います。

小次郎講師、本当にありがとうございました！

第８章まとめ

買いの完成形

- 上から価格・転換線・基準線・先行スパン１・先行スパン２の並び順になる
- この並び順になるとそれからどんなに価格が上昇しても並び順は変わらない

※売りの完成形はこの逆

準備構成

- 大きく下がった価格が底を打つとき
- 準備構成とは一度底打ちして上昇した価格が再度売られ、前回の安値近辺まで下落した後、再度上昇することをいう

小次郎講師流一目均衡表分析の手順

①基準線でトレンドを確認
②短期・中期・長期の売買勢力を確認
③遅行スパンで損益状況を確認
④現在の相場の段階を確認
⑤もみあい相場であればもみあいの中心を探る
⑥最後にひとつ大きな足で①から⑤を分析

テクニカル指標 1 ～RSI～

❶RSIとは？

Ｊ・Ｗ・ワイルダー氏が１９７８年に発表したもっともポピュラーなオシレーター系指標です。Relative Strength Index というのが正式な名称で、日本語では相対力指数と呼ばれます。相場の過熱状況を示し、買われすぎ、売られすぎが判断できるので主に逆張りトレードで使用されることが多いようです。

ワイルダー氏はテクニカル分析の世界では偉人中の偉人。パラボリック、ＡＴＲ、ＤＭＩ、ピボット等一人でいくつもの有名なテクニカル指標を発表しました。中でもこのＲＳＩが最も有名です。

❷計算式

RSI＝A÷（A＋B）×100

A：14日間の値上がり幅の合計

B：14日間の値下がり幅の合計

値上がり幅とは前日比を使います。前日比とは前日の終値と本日の終値の差です。

これがプラスであれば値上がりした日とし、これがマイナスであれば値下がりした日とします。

❸計算式の意味

ＲＳＩの計算式は難しくありません。14日間の値動きを上昇と下降に分けて、上昇分が全体の何％になるかというのを示したものです。

例をあげてみましょう。14日間のうちに上昇した日が10日間で、その上昇分の合計が１００円だったとします。下降した日が４日間でその下降分の合計が40円だったとします。14日間の全体の値動きは上げ下げを合計すると１４０円。その中で上昇分が１００円。とすると、

RSI ＝（100円÷140円）× 100 ＝ 0.714 × 100 ＝ 71.4（%）

現在のＲＳＩは71・４％となるのです。

❹買いシグナル、売りシグナルの理由

一般的に70を超えたら買われすぎで売りサイン、30を下回ったら売られすぎで買いサインといわれます。しかし、注意が必要です。

計算式を正しく認識すると、ＲＳＩの本質は買い勢力が強くなると数値がどんどん

大きくなる。売り勢力が強くなると数値がどんどん小さくなるということです。

買い勢力と売り勢力が均衡するのは50％のところです。ＲＳＩは0から１００まで動く指数ですから、50を超えたところから買方優勢となり、１００に近づけば近づくほど買い勢力が強いと認識を持つことが大切です。逆に50を下回ったところから売方優勢となり、０に近づけば近づくほど売り勢力が強いということを表しています。

とすると70超えは買いが勢いづいている状態です、30割れは売りが勢いづいている状態です。しかし、トレンドの中期以降では利益確定がしやすいのもこの時期です。そして相場の終盤はその利益確定とともにトレンドが反転してしまうことがあります。つまりトレンドのどの段階で70や30を超えているかがポイントです。

❺ＲＳＩの極意

ＲＳＩが70を超えたり、30を割り込むことを注意信号と捉えると、ＲＳＩを正しく活用出来るでしょう。注意信号が出た後に、価格がどう動くかをしっかりと確認してください。

30割れを買いサインとするより、30を割っていた価格が30を超えたときが買いサイン、70を超えていた価格が70を割り込んだときが売りサインと見ましょう。

RSI 日足チャート

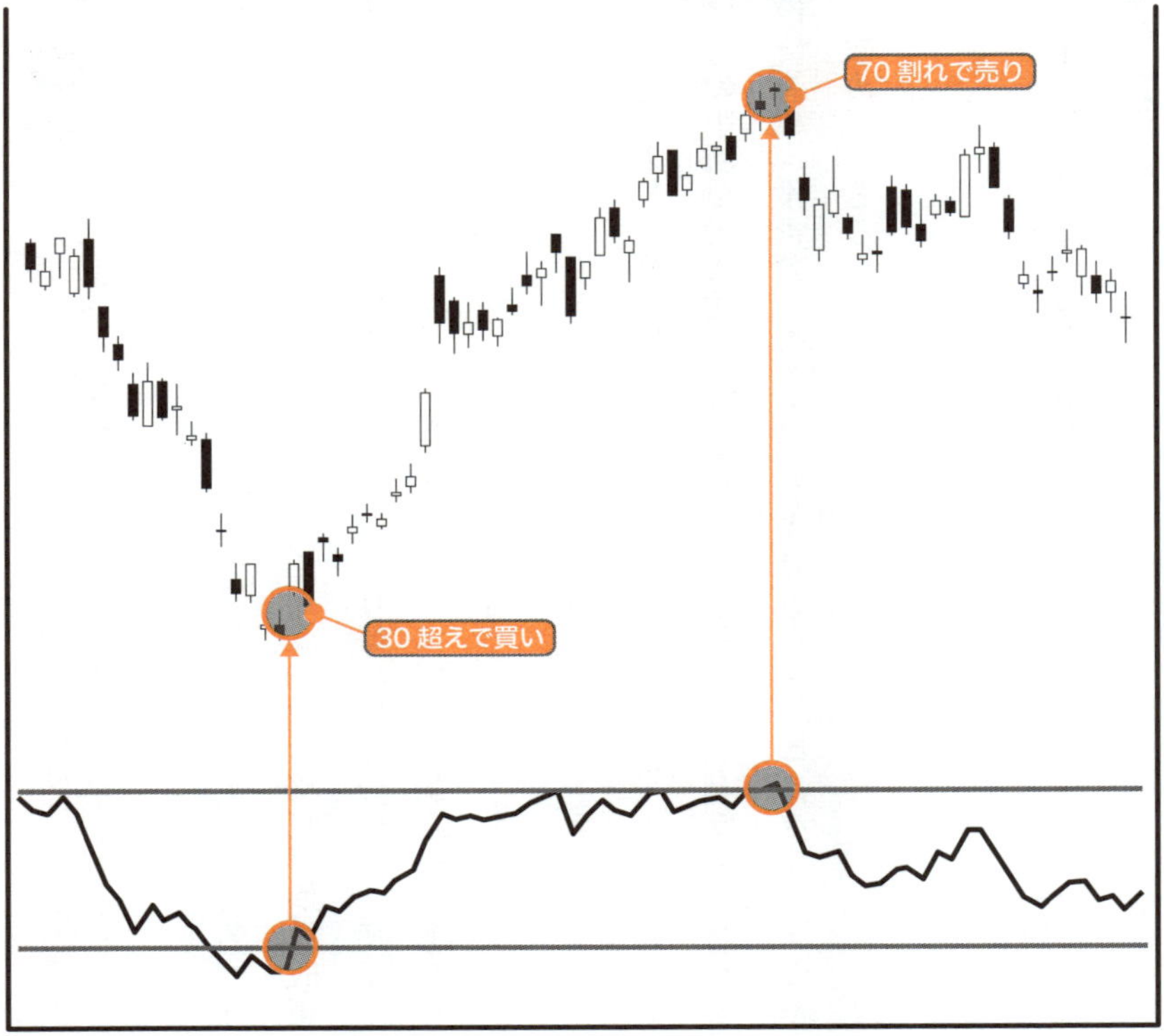

テクニカル指標❷ 〜MACD〜

❶MACDとは？

ＭＡＣＤも移動平均線を改良して出来上がったテクニカル指標です。正式名称はMoving Average Convergence/Divergence Trading Methodです。移動平均線収束拡散法などと訳されますが、私は「移動平均線くっついたり離れたり分析」と呼んでいます。二本の移動平均線がくっついていったり、離れていったりする様子を見てトレンドを分析する指標です。

アメリカの投資顧問会社、シグナラート・コーポレーション社のジェラルド・アペル(Gerald Appel)氏によって１９７０年代に開発された分析手法で、シグナラート・コーポレーションはこの手法で大成功を遂げました。またベストセラーとなって続編、続々編まで出た投資書籍「投資苑」の著者アレキサンダー・エルダー博士がＭＡＣＤを用いて大成功を収めていることも有名です。

❷計算式

MACD（マッケディ線）＝12日EMA－26日EMA

シグナル＝MACDの9日EMA

ＭＡＣＤというテクニカル指標はＭＡＣＤとシグナルという二つの線で出来ています。混同しますので、以後、指標の方はＭＡＣＤ、線の方はマックディ線と呼ぶことにします。

ＭＡＣＤは非常にシンプルでわかりやすいテクニカル指標ですが、ＥＭＡを採用していることで、計算式を理解していない人が多いのは残念です。ＥＭＡは直近のデータに比重を置いた移動平均線のことです。

❸マックディ線の計算式の意味

ＥＭＡがわかれば簡単です。マックディ線は二本の移動平均線の差（間隔）を見ている指標なのです。

二本の移動平均線の間隔を見て何がわかるか？　それはまず、ゴールデンクロス、デッドクロスの先読みが出来るのです。短期の移動平均線が長期の移動平均線を下から上にクロスするのがゴールデンクロス、移動平均線の代表的買いサインです。短期の移動平均線が長期の移動平均線を上から下にクロスするのがデッドクロス、移動平均線の代表的売りサインです。

二本の移動平均線がクロスするとしたら、二本の線が次第に接近していきます。接近した先にゴールデンクロス・デッドクロスがあるわけです。すると二本の線の間隔を見ていればゴールデンクロス・デッドクロスが先読み出来るわけです。トレードにおいてワンテンポ早く仕掛けられるかどうかはときに成功と失敗を大きく左右します。

❹シグナルの意味

シグナルは単にマックディ線に移動平均線を付けただけのものなのです。わざわざシグナルなどという名前を付けているので、何か特別な線のような気がしますが、なんの特別なことのない移動平均線なのです。

マックディ線の動きが価格の動きに先行する性質を持っていることを説明しました。それなら、マックディ線に上昇トレンドが発生したこと、下降トレンドが発生したことを知ることがとても大事になってきます。

だとすればマックディ線に移動平均線を付けることにより、マックディ線とのゴールデンクロス・デッドクロスを見つければ、それがマックディ線に上昇トレンドが発生したシグナル、下降トレンドが発生したシグナルとなります。

❺MACDの売買サイン

買いサイン↓ゴールデンクロス＝シグナルをマックディ線が下から上へクロス

売りサイン↓デッドクロス＝シグナルをマックディ線が上から下へクロス

MACD

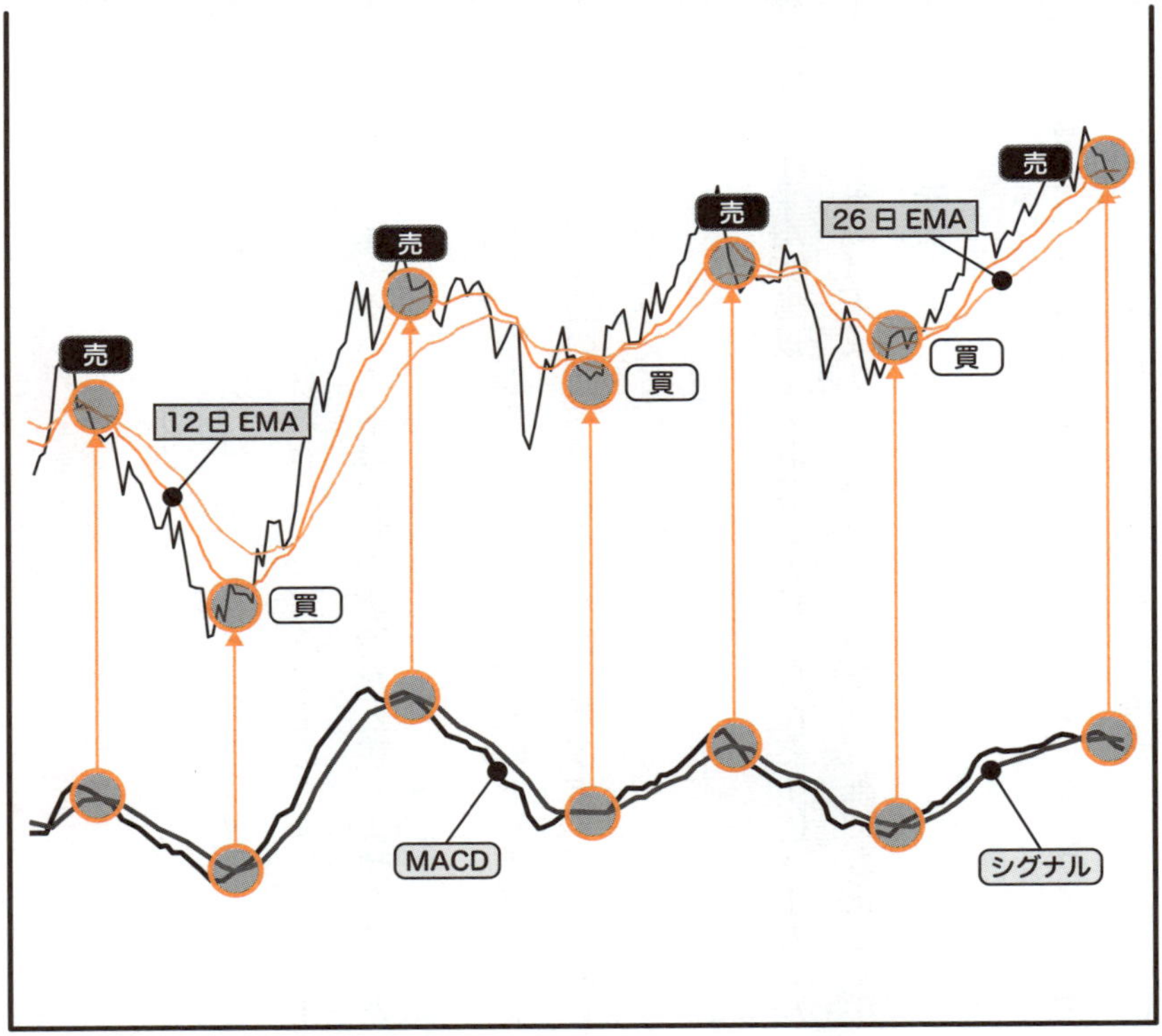

タートルズ投資法

1980年代、リチャード・デニスとウイリアム・エックハートという二人の天才トレーダーが賭けをしました。その賭けの内容は「天才トレーダーは育てられるのか？」というものです。リチャード・デニスは教育によって誰でも優秀なプロトレーダーになれるといい、ウイリアム・エックハートは天賦の才能だと譲りませんでした。

そこで実験をしようということになり、新聞広告でほとんど素人のトレーダーを集めました。そのとき集まったトレーダー達のことをタートルズと呼びます。その後、二人はタートルズに教育を施し、資金を与えて実践させました。

すると、彼らは4年半の間に年平均80％以上の収益を上げ、なんと1億5千万ドルを稼ぎ出しました。タートルズの実験は大成功したのです。つまり、誰でも正しく学べば勝つことが出来るということを証明したのです。

タートルズ投資法は「資金管理」「リスク管理」「トレードエッジ」という3つの要素から成り立っています。トレード手法は「20日の新高値新安値更新」と「55日の新高値新安値更新」を組みあわせたシンプルなトレンドフォロー戦略ですが、そこに徹底した資金管理のルールがプラスされ、外れたときのリスクは最小限に、当たったときの利益は最大限にという調整が自動的に出来るようになっています。

その結果、圧倒的なリスクリワード比率を誇る驚異のシステムが生み出されました（リスクリワード比率とは、一回当たりの損失平均と利益平均を比較する指標で、一般トレーダーが苦手な「損小利大」を計る指標です）。

小次郎講師は、その手法を10年以上にわたって研究・改良し、小次郎講師流のトレード手法を開発しました。その手法は、本書で披露した**「移動平均線大循環分析」**を活用し、タートルズの手法をバージョンアップした**「リスク管理」「資金管理」**を使うものです。

この手法を2千人の門下生に教え、小次郎講師は現在もプロトレーダーを育成し続けています。

おわりに

チャート分析は「移動平均線」に始まって「移動平均線」に終わるといわれます。その移動平均線の中で究極の移動平均線分析と呼ばれるのが、「移動平均線大循環分析」です。直感的にわかりやすく、入門者にも人気のテクニカル分析ですが、意外と奥が深いのです。

「一目均衡表」は日本発の世界最高水準のテクニカル指標です。ローソク足の時代から世界のチャート分析をリードしてきた日本の最高傑作でありながら、正しい使い方を理解している人が少ないという不思議なテクニカル指標です。この機会に、その恐るべき指標の醍醐味を味わっていただきたいと野心を持ちながら書きました。

この二つを使いこなすだけで、あなたのチャート分析の技術が大きくレベルアップ出来るとお約束します。何も知らなかったあやちゃんが途中から急成長し、最後には上級者顔負けの立派な投資家に育ちました。この本を読んで、たくさんのあやちゃんが誕生することを願っています。

初心者向きに書きましたが、投資で勝つために本当に必要なスキルを入れたため、レベルが高い内容も盛り込みましたが、いかがだったでしょうか？

実は一目均衡表は奥が深く、どこまで説明していいのかと迷いました。しかし、投資に有効に活用していただくために深いところまで踏み込みました。

いくらわかりやすくても、それを読んで投資に役立たなければ意味がありません。一番深いところも含め、初心者の方にも理解していただけるよう、精一杯わかりやすく書いたつもりです。繰り返し読んでいただいて、少しずつ理解が進めば、必ずや投資にお役に立つであろうと確信しています。

総合法令出版編集部時奈津子さんの献身的頑張りのおかげで良い本が出来ました。自信作です。皆さんのお役に立てると幸いです。

編集協力　株式会社トレンド・プロ／ブックプラス
イラスト・漫画　アサミネ鈴
装丁・本文デザイン　河南祐介・五味聡（FANTAGRAPH）
図版作成・組版　横内俊彦

プロフィール
小次郎講師（こじろうこうし）／本名：手塚宏二（てづかこうじ）

チャート研究・トレード手法研究家／日本テクニカルアナリスト協会認定 テクニカルアナリスト／小次郎講師投資塾塾長／手塚宏二事務所代表
1954年、岡山県岡山市生まれ。早稲田大学政経学部中退。金融会社を経て、IT会社へ転身。独自のチャート開発に取り組みながら、タートルズのトレード手法をベースとした小次郎講師流の手法による投資家教育を繰り広げる。その質の高さとわかりやすさから人気を博しカリスマ講師と呼ばれ、各種投資セミナーに引っ張りダコとなる。

2015年、ライフワークとしている「日本に正しい投資教育を根付かせること」をさらに推し進めるため、手塚宏二事務所開設。投資教育の第一人者として、私塾の小次郎講師投資塾や投資セミナー、DVDや書籍など通じて精力的に「勝てる投資家を育てる」活動を展開している。現在人気が人気を呼び、門下生は二千人を超える。門下生からは専業トレーダーも多数輩出。日本には数少ない“プロを育てる名トレーディングコーチ”である。

「投資の学校」生徒支持率ナンバー1講師。「みんなの株式」「コラムアワード2013年、2014年連続大賞受賞。「ラジオNIKKEI」マーケット・トレンド等メディア出演多数。

著書に『めちゃくちゃ売れてるマネー誌ZAiが作った「商品先物取引」入門　目からウロコのチャート分析編』（共著／ダイヤモンド社）がある。

数字オンチあやちゃんと学ぶ
稼げるチャート分析の授業

2015年8月8日　初版発行
2017年8月9日　3版発行
著　者　小次郎講師
発行者　野村直克
発行所　総合法令出版株式会社
〒103-0001 東京都中央区日本橋小伝馬町15-18
ユニゾ小伝馬町ビル9階
電話　03-5623-5121
印刷・製本　中央精版印刷株式会社
落丁・乱丁本はお取替えいたします。

ISBN978-4-86280-460-0

総合法令出版ホームページ　http://www.horei.com/